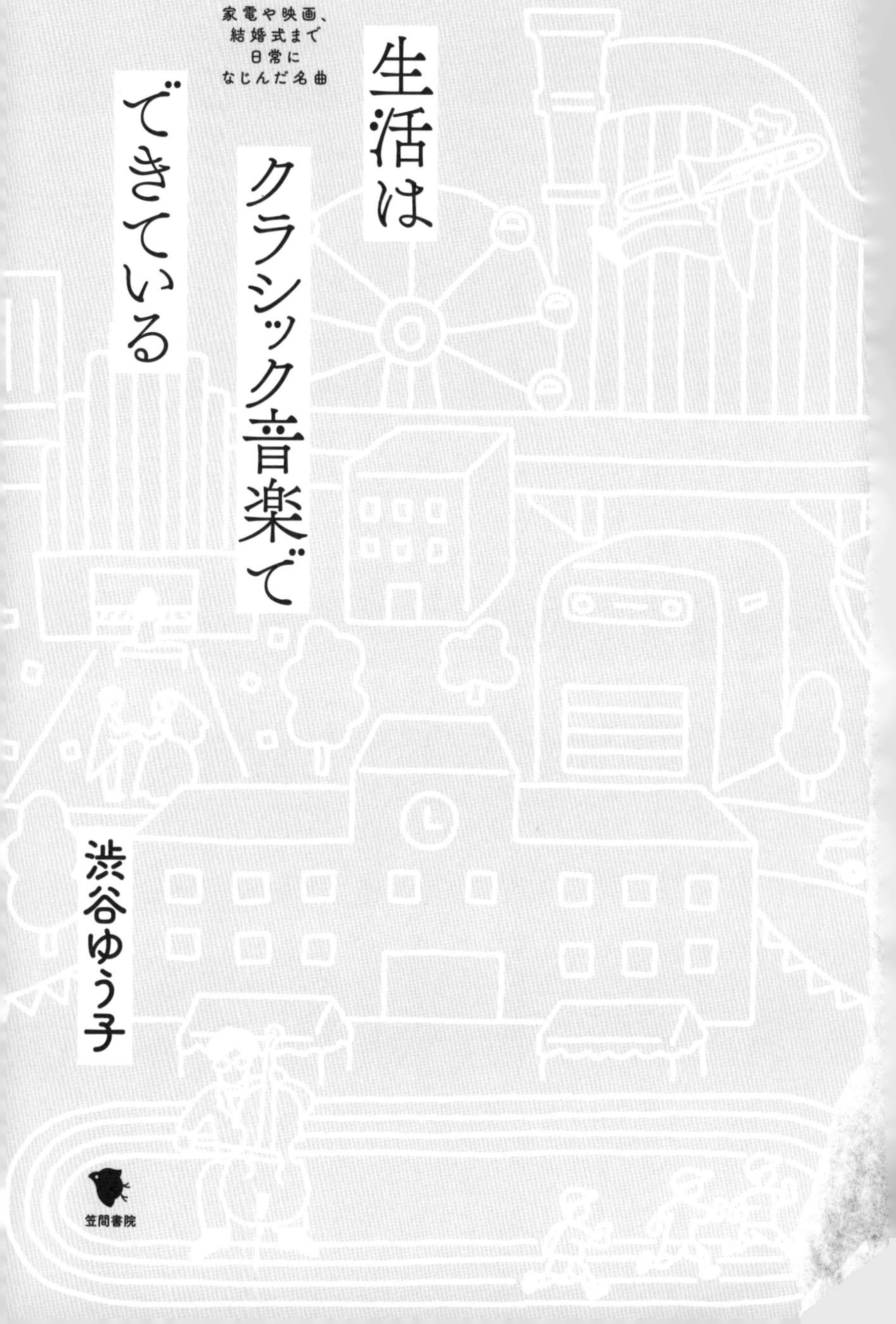

# 生活はクラシック音楽でできている

家電や映画、
結婚式まで
日常に
なじんだ名曲

渋谷ゆう子

笠間書院

# はじめに

思い起こせば半世紀ほど前、私はピアノが弾きたくてしかたのない小さな女の子でした。何がきっかけだったのかはまったく記憶にないのですが、祖父母と両親にねだってピアノのレッスンに通えるようになり、そして家にはピカピカの真っ黒いアップライトピアノがやってきました。

ビロードの覆いを外して蓋《ふた》を開け、赤いフェルトのカバーを外し、白と黒が綺麗に並んだ鍵盤が現れる瞬間が大好きでした。いつかショパンをかっこよく弾いてみたいと願い、熱心にレッスンに通ったものです。

昭和40、50年代には、私と同じような幼い子どもたちが日本中にたくさんいたようです。国内の鍵盤楽器の販売高は1979年の総販売台数が31万385台となりピークを迎えました。その頃は家庭へのピアノ普及率が20パーセントを超えていたというのですから、驚くばかりです。お友達の5人に1人以上ピアノが家にあるというのは、一過性のブームというだけでなく、音楽に親しむことが子どもたちの情操教育として必要だということが親の意識に根付いていたといえるでしょう。

もちろんピアノ以外にもオルガンや電子ピアノ、エレクトーンなどもあり、家庭で個人的に演奏を楽しむ、また子どもへの教育をするという意識はそれ以前にもあり、それ以降にも繋《つな》がっています。

また日本では、学校教育でしっかりと西洋音楽の歴史についても触れています。部活動で吹奏楽部の活動から楽器演奏を始めた人も多くいるでしょう。

しかし一方で、大人になるとクラシック音楽の演奏や鑑賞に熱心である層はそれほど厚くないというのが現状です。ポップスやロックグループのコンサートには行くけど、クラシック音楽、オーケストラのコンサートを聴きに音楽ホールに行くことはないという人もいます。

では、クラシック音楽に興味がないかといえば、実はまったくそんなことはなさそうです。ＬＩＮＥ株式会社が２０２１年に日本全国の15～59歳までを対象に「クラシック音楽に興味があるかどうか」をリサーチした結果、なんと「興味がある」「どちらかといえば興味がある」を合わせた【興味がある人】の割合は全体の46％、一方、「興味がない」「どちらかといえば興味がない」を合わせた【興味がない人】の割合が54％でした。つまり、ほぼ半数の人が何らかのかたちでクラシック音楽に興味・関心を持っているということなのです。

とはいえ、実際に「明日さっそくクラシック音楽を聴きにコンサートホールに行きましょう」と行動に移す人は少数です。そもそも、誰のどんな曲を聴きに行けばよいかさえわからないという方も多いのではないでしょうか。

身近で手軽な鑑賞方法として、ストリーミングサービスでクラシック音楽を流しておくということはできるかもしれません。あるいは何かクラシック音楽のコンサート動画を検索して見ることもできそうです。でもそんな時に「あれ、あのドラマのあの曲、なんだっけ」「ほら。あそこで流れていたあれなんだっけ」と、まず曲名がわからず検索すらできないということになりがちです。

そもそも作曲家の名前がわからないだけでなく、曲名も覚えにくいでしょう。作品番号が何番かなんて、そもそも知らないことすらあるでしょう。それから、少しクラシックを知ろうと検索すると難しい用語と評論が連なっていて、読む気が失せるということもあるでしょう。クラシック音楽の難しさ、とっつきにくさはこういったことにあるのではないでしょうか。

そんな時に頼りになるのは、「あの映画のあのシーンでかかっていた曲」とか「結婚式で流れていた曲」など、その曲とセットになった経験や背景です。私たちの日常には実はたくさんのこうしたクラシック音楽が存在しているのです。あれも、これも、そこにも、あそこにも。

そこで、クラシック音楽を少し聴いてみよう、知識としてだけでも仕入れておこうと思った時に役立つリストとなるよう、これまで意識して聴いていなかったこうしたクラシック音楽の用例、場面をたくさん用意して、この一冊にまとめました。読みながらその楽曲も聴いていただけるようにQRコードをつけました。スマートフォンやタブレット端末で読み込んで、音楽を流しながらお楽しみいただけます。

本書は「音楽が使われるシーン」をピックアップしているので、ご紹介する用例は「録音物」を指すことになります。筆者は音楽プロデューサーとしてクラシック音楽に世界中の録音の現場で接しています。どんな音楽がどこでどのように録音されているかに最も関心があるといっても過言ではありません。そうした現場からの目線で音源を選び、本文に紐《ひも》づけています。それぞれの録音されたものが誰のどんな演奏か、またどんな録音なのかにも合わせて注意を向けていただけたら嬉しいです。

ひとくちに録音物といっても、年代による録音機材や手法の違い、録音した場所の差などそれぞれの個性に気が付くことでしょう。そんな聴き分けもきっと楽しいひとときとなることを確信しています。

さらに各章のはじめには、音楽にまつわる偉人たちの名言を掲載しています。含蓄あるこれらのことばと一緒に、さらに深く音楽を味わっていただけましたら幸いです。クラシック音楽を聴くきっかけに、そして少しだけ雑学的な知識も入れて、さらに音楽に囲まれた彩り豊かな素敵な時間を過ごしていただきたいと願っています。

なお、本書の記述では楽曲名と作曲者名について、初出では正式表記を行いますが、通称などが一般的な場合には2度目以降はなるべく簡略化して記載しています。また、いわゆる音楽用語はなるべく使わず、一般的な用語で説明するよう心がけました。気軽な気持ちでどうぞページをめくってくださいね。新しい音楽への扉がここで新しく開きますように。

渋谷ゆう子

本書の全曲プレイリスト

# 目次

## 第3章 テレビ番組・CMとクラシック音楽　045

## 第4章 映画とクラシック音楽



## 第5章 アニメとクラシック音楽

## 第8章 アレンジされたクラシック音楽

編集部注：
本文中のQRコードは、スマートフォンやタブレットで読み込み、音楽ストリーミングサービスSpotify®等で曲を再生することができます。QRコードを読み込むためのアプリは、ご自身でインストールしてくださるようお願いいたします。なお、各曲のリンク先は、2023年11月時点のものです。
※QRコードは株式会社デンソーウェーブの登録商標です。

第1章

# 生活の中のクラシック音楽

*Where words fail, music speaks.*

—— Hans Christian Andersen

言葉が語れないところでは、音楽が語る。

——ハンス・クリスチャン・アンデルセン（童話作家・1805-75）

## 日常に溢れる音楽

日本は世界から見ても、生活の中に音楽が入っていることの多い国です。お店には常にBGMが流れています。カフェでは店の世界観が表現されているような音楽が選ばれています。美容院やネイルサロン、エステサロンなどではリラックス効果を期待した音楽が静かにかけられています。また歯科クリニックの待合室では、オルゴールで奏でられるポップスやディズニー音楽に出会うことがよくあります。オルゴールの柔らかく響く澄んだ高音で、キュィーンという歯科独特の機械の高音や異音を少しは和らげたいという狙いが感じられます。

それから、スーパーマーケットでは、館内放送としてポップな音楽がいつも流れていることに気が付くでしょう。加えて魚売り場や肉売り場では、それぞれ違った軽快なリズムの音楽が選択されています。こうしたポップな音楽、テンポの速い曲は、心を高揚させて買い物への意欲を大きくする作用を期待できるという実験結果に基づいています。

一方で、客単価の高い高級路線のスーパーマーケットのBGMには、クラシック音楽が選択されます。これは、クラシック音楽の持つ優雅で高貴なイメージがお店や商品の価値を上げることと、ゆったりとした音楽に合わせて歩き、店内の滞在時間を伸ばして買い物をたくさんしてもらう効果を期待してのことです。

筆者も都心にある輸入食材を多く取り扱う高級スーパーで手土産を調達しようと入ったところ、モーツァルトのピアノ三重奏がかかっており、そのあまりに優雅でゆったりとした演奏に引き込まれてのんびりと店内を眺めて回ったことがあります。高級な商品が音楽の優雅さでさらに良いものに見えてきます。結果、予定になかった高いワインを買ってしまったこともありました。音楽の力は侮れません。

一方、海外の小売店では店内BGMがないことのほうが多いのです。レジの「ピッツ」という電子音と、レジ打ちの人と客がやり取りする会話が明瞭に聞こえてきます。アットホームな雰囲気の時はいいけれど、お客と店員が揉める怒号が聞こえることもあり、そこに音楽がないぶん、殺伐とした気持ちになったりもします。

加えて日本の駅では、ホームごとに発車のメロディを変えてさまざまな音楽を流していますが、外国の駅のホームには音楽がないことがほとんどです。海外の駅にいると発車ベルや駅員の放送以外は、行き交う人々の声と足音だけが聞こえます。雑踏というのはこういうことかと、しみじみ感じる瞬間です。こうして海外のお店に入ったりホームに立つたびに、ずいぶん遠くに来たなぁと感じたりします。耳から入る情報が、常に場所や状況を明確にしてくれる例です。

## イメージと強固に結びつく、生活の中の音楽

まず、日本の街中の音楽として挙げられるのは、やっぱり駅のホームの発車メロディです。鉄道各社はそれぞれに趣向を凝らしてこのメロディを選んでいるようです。

ＪＲ東日本の山手線ではオリジナル楽曲が使われており、音を聴くだけでどこの駅か思い出せます。また、私鉄各社は駅がある場所にゆかりのある音楽を選んでいることもあります。アニメ『ガンダム』を産んだ制作会社のある駅でオープニングテーマが流されるのはファンの心を熱くします。旅の中でこうした土地との結びつきの強い

音楽を使うことによって、その駅の利用者の心に土地と風景、思い出をより強く結びつける役割を果たしています。

旅の思い出では、さらにその音楽が心に残るのではないでしょうか。次の旅ではぜひ駅の発車メロディに注目してみてほしいものです。

それから、日本の学校では、給食の時間や掃除の時間になると、決まった曲を流しているところも多いでしょう。音楽によって児童生徒の注意を促したり、雰囲気を作ったりすることに一役買っています。

筆者が育った香川県の公立小学校では、掃除の時間になるとヴォルフガング・アマデウス・モーツァルト（1756〜91）作曲「**アイネ・クライネ・ナハトムジークK.525**」が流されていました。これを毎日毎日、6年間聴かされたおかげで、いまだにこの楽曲を聴くと掃除をしなければならない気になってしまいます。どんなに素晴らしい演奏家のコンサートであっても、この曲には箒《ほうき》とぞうきんのイメージが浮かんでしまって本当に困っています。音楽を使った〝パブロフの犬〟効果を刷り込まれたような気がしなくもありません。



モーツァルト作曲
「アイネ・クライネ・ナハトムジーク」

それから、夕方になると街中のスピーカーから役所のお知らせと共に、「夕焼け小焼け」のメロディが放送されたりします。他にも「七つの子」の自治体もあるそうです。こうしたノスタルジックで寂しげな放送を聴くと、早く家に帰らなくてはと、自然と出す足の速さが変わってきます。

ひとつひとつ挙げてみると、これほどまでに私たちの日常にはいつも音楽が溢《あふ》れており、生活に浸透しているのだと気づくことでしょう。

こうした日常の音楽に、実はクラシック音楽がたくさん使われていることはご存知でしょうか。知らず知らずのうちに、実は偉大な西洋の作曲家の曲をたくさん聴いているのです。

## クラシック音楽とは

私たちの日常に溶け込むクラシック音楽を取り上げる前に、まずはそもそもクラシック音楽とはなんだろうという疑問から解決していきましょう。

ベートーヴェンやモーツァルトといった音楽の授業に出てくる作曲家の名前くらいは知っているという方が多いでしょう。昔のヨーロッパで演奏されていた音楽というイメージを持っている方も、それでだいたいのところ正解です。日本の学校教育ではクラシック音楽のベーシックな部分をきちんと扱っています。音楽の授業は特に好きではなかったという人でも、ベートーヴェンやモーツァルトの顔を知っているのはこの音楽教育の功績です。年末に流れる「**第九**（**交響曲第9番ニ短調作品125**）」（ルートヴィヒ・ヴァン・ベートーヴェン作曲）は、ほとんどの日本人にも耳馴染《なじ》みがあるでしょう。

こうしてクラシック音楽とは何かと特段意識せずとも知らずに接しているのですが、もう少し説明を加えましょう。いわゆる私たちが日常会話で「クラシック音楽」と言う場合、だいたい16世紀、日本でいえば安土桃山時代頃から、20世紀の間に主にヨーロッパで作られた音楽を指します。

もちろんその前にもヨーロッパにもそして日本にも、アメリカ大陸やアフリカ大陸にも、人間の生きる世界に〝音楽〟は生まれていました。欧州ではキリスト教会で歌を歌うことは、5世紀頃にはかなり確立されていましたし、日本でも平安時代には独特の和楽器で演奏していたことがわかっています。では、〝クラシック音楽〟とは具

ベートーヴェン作曲
「第九（交響曲第9番ニ短調）」

体的にどういう音楽なのでしょう。

## 偉大なバッハの鼻から牛乳

その確立に最も大きな功績を残したのが、あのヨハン・セバスティアン・バッハ（以下、J・S・バッハ。1685〜1750）といわれています。白いカーリーヘアの堂々とした肖像画は、音楽の教室には必ず飾られているでしょう。バッハのことは知らなくても**「G線上のアリア」**を聴いたことがあるという人がほとんどではないでしょうか。

ちょっと話は横道にそれてしまいますが、バッハのあのカーリーヘアも、モーツァルトのくるりんと巻いた髪も、どちらもあれはカツラです。当時のヨーロッパは衛生的に進歩しているとはいえず、髪は特に不衛生になりがちなので短く切っていた人が一般的でした。しかし、王侯貴族たちは、おしゃれのためにも、そして威厳を醸し出すためにも素敵な外見になるようカツラをかぶるようになります。

J.S.バッハ作曲・
ウィルヘルミ編曲
「G線上のアリア」

当時の音楽家たちは王宮で演奏したりすることも多く、正装としてのカツラをつけていました。カールさせたカツラは高価でもあり、この姿になれる人の階級の高さもわかります。しかも、当時は白っぽい色の髪が流行していたため、カツラを小麦粉で白くしていたそう。化粧室のことをパウダールームというのは、なんとこの頃の名残だとか。威厳に満ちた顔をしているバッハも自分のカツラに小麦粉をはたいていたことを想像すると、なんだかちょっと微笑ましくもあります。

さて、そんなバッハは1685年に神聖ローマ帝国時代のザクセン（現在のドイツ）に生まれました。音楽一家のバッハ家では日常に音楽があり、演奏する人たちに囲まれて育ち、才能を開花させていきます。卓越したオルガン奏者になり、作曲をするようになり生涯1000曲に及ぶ作品を残しています。

バッハがクラシック音楽の大きな礎となったのは、その作曲法にあります。これまでヨーロッパで伝統的に継承されてきた教会で奏でる音楽はありましたが、バッハはそれを発展させます。

大きなもののひとつに対位法という理論があります。かなり難しい理論まで展開できるのでここではざっくりお伝えしますと、ひとつの旋律（メロディ）が進行しながら、同時に別の旋律が進行し、互いを邪魔することなく独立しながらも調和できるという方法です。

例えば、「かえるの歌」の輪唱を思い出してください。♪かえるのうたが〜♪と最初に歌う人の後で、2番目の歌の人が入ります。最初の人のメロディと、2番目の人のメロディはもちろんズレているのですが、それでも歌として実に調和していることに気が付くでしょう。

これは輪唱で同じメロディがズレているだけなのでわかりやすいですが、バッハはそれにさらに複雑な作法を生み出していきます。フーガという言葉は聞いたことがあるかもしれません。バッハの曲名によく見られる用語です。これは対位法の一種です。バッハはこのフーガの手法を完成させ、芸術的にも高く評価されるようになりました。

このフーガで最も有名なもののひとつに「**トッカータとフーガ ニ短調BWV.565**」があります。残念ながらJ・S・バッハの作品かどうか実は明確な証拠がない作

J.S.バッハ作曲
「トッカータとフーガ
ニ短調」

品のひとつではありますが、非常に完成度も格調も高い名曲です。間違いなく絶対に一度は聴いたことがあるはずです。

ただ、この曲が日本で有名になったのは、嘉門《かもん》タツオさんが「鼻から牛乳」という歌詞をこの偉大な曲につけてしまったからでもあります。全国の小学生が給食のたびにこのフレーズを歌い、誰も彼もこれを知っている、というような時代がありました。私もこの呪縛にいまだに囚われているひとりです。荘厳なオルガン演奏を聴いている際に、サングラスでギターをかき鳴らす映像を払拭することが難しい。こんな哀れな私を音楽の父バッハは、笑って許してくれるでしょうか。

J・S・バッハの功績から始まったクラシック音楽。それから400年ほどが経ちました。バッハの後にはハイドン、モーツァルトやベートーヴェンといった偉大な作曲家が生まれます。彼らの音楽は日本でどう浸透しているでしょう。身近にあるひとつひとつを追いながらご紹介していきましょう。

第2章

# 家電とクラシック音楽

*Die Kunst und die Wissenschaft erhöhen den Menschen bis zur Gottheit.*

—— Ludwig van Beethoven

芸術と科学だけが
人間を神の領域に高められる。

—— ルートヴィヒ・ヴァン・ベートーヴェン（作曲家・1770-1827）

# 恋する女子と炊飯器

まず最も身近な音楽として、家の中で聴かれているクラシック音楽をご紹介します。「家の中？」と少し考え込んでしまうかもしれませんが、実はほとんどの家庭でクラシック音楽を毎日聴いているのです。それは家電に搭載された音源です。

例えば、我が家の炊飯器は炊飯ボタンを押すと「キラキラ星」のメロディが流れます。この楽曲は18世紀にフランスで流行した歌です。日本では「きらきらひかるおそらのほしよ」と歌われます。ただこのタイトルと歌詞は、元のフランスの歌からではなく、イギリス人のジェーン・テイラーが１８０６年に書いた詩“The Star”から一部を引用して、替え歌“Twinkle, twinkle, little star”（きらきらひかる小さな星）が作られたことにその起源があります。

ヴォルフガング・アマデウス・モーツァルト（１７５６～91）は元のフランスの歌から編曲して、１７７８年にピアノ曲「**キラキラ星変奏曲ハ長調K.２６５**」に仕上げま

モーツァルト作曲
「キラキラ星変奏曲
ハ長調」

した。「キラキラ星」のメロディを、次々とアレンジして変えていくことから変奏曲と名付けられています。初めは耳馴染《なじ》みのあるゆったりした感じで始まるのですが、どんどんと加速し、音の装飾も多くなっていく演奏も難しい楽曲です。世界的に有名なピアニストが、コンサートのアンコールでこの曲を超高速で弾き切って、拍手喝采《かっさい》を受けたのを見たことがあります。

さて、なぜモーツァルトが元のフランス歌曲から編曲したとわかるのかは、この曲の原題「12 Variationen über ein französisches Lied "Ah, vous dirai-je, maman"（直訳：フランスの歌曲『ああ、お母さん、あなたに申しましょう』による12の変奏曲）」を見れば明らかです。そう、この元のフランス語の歌詞は「ああ、お母さん、あなたに申しましょう」というタイトルでした。キラキラした星の話とはなんとなく違った雰囲気のタイトルです。それもそのはず。元の歌詞は、恋に悩む娘が母親に向けて「どうしたらいいの？」と問いかける内容なのです。

ねえお母さん　私が何を悩んでるか聞いてほしいの
シルヴァンドルっていう優しい目の彼に出会っちゃってから

もう私　好きな人なしでは生きていけないって思うようになっちゃったの
誰でもこんなふうになるのかな（筆者訳）

めちゃめちゃキラキラ恋している女の子の歌です。モーツァルトのピアノ編曲バージョンも十分光り輝いていますが、恋する女子の歌詞がわかると、その熱量もさらにアップしそうです。今日も日本の台所で、恋する女子は白いご飯が炊ける瞬間と共にあります。感慨深いですね。

## 洗濯と共に水に流そうモーツァルトのあれこれ

さて「キラキラ星変奏曲ハ長調K.265」という素敵な曲を作った偉大なる作曲家、ヴォルフガング・アマデウス・モーツァルトは1756年に今のオーストリア・ザルツブルクに生まれます。幼い時から音楽の才能が光り輝いており、3歳ですでにチェンバロの演奏を、5歳で作曲した作品が今も残っています。

この頃から父親と共に演奏旅行にも積極的に出かけており、現代の子役も真っ青な働く子ども時代を送ります。なんと6歳の時にはウィーンの宮殿でマリア・テレジアを前に演奏披露までしており、当時から世間にその名を知られた天才音楽家でした。幼少期からプロフェッショナルな音楽家としてしっかりと稼ぎ、ヨーロッパ各地で演奏を行っています。

大人になってからはウィーンに居を移して結婚もし、オペラをはじめとしたさまざまなタイプの優れた楽曲を発表していきます。36歳でその短い生涯を閉じるまで、なんと1000曲は作ったのではないかといわれています。現在、制作年から順に並べて整理されている楽曲だけでも626番まであり、その短くも濃密な豊かな作曲家人生だったことが偲《しの》ばれます。この通し番号をつけた研究者ルートヴィヒ・フォン・ケッヘルの頭文字をとって、モーツァルトの楽曲番号にKの文字が付いています。

モーツァルトのパーソナリティとしては、いたずらっ子だっただの、下ネタ満載の手紙を送っただの、下品なタイトルの名前をつけた曲があるだの、借金浪費グセがすごいだの、スキャンダラスな逸話が多く残っていたりします。愛すべきキャラクターだったといえるでしょう。最期は病に倒れ、死の淵で書いていた「**レクイエムK.62**



モーツァルト作曲
「レクイエム」

6」を完成させることなく亡くなってしまい、その亡骸《なきがら》がどこに埋葬されたのか、実は今でもわからないままとなっています。

そんなモーツァルトの生涯に寄り添っているからなのかなんなのか、我が家では洗濯が終わると、意気揚々と得意げにモーツァルトの「**ピアノソナタ第11番イ長調 K.331**」**第1楽章**のメロディが軽快な速いテンポで演奏されます。「すべて水で洗い流してあげました！」と自信満々かのように流れるこのメロディは、日本の忙しい朝を助けてくれているようでもあります。

ただし、このメロディは短い上に、速いテンポで数秒だけで終わってしまうので、毎回このメロディを聴くたびに、続きを聴きたいという欲求を抑えることができません。もう1回洗濯してもまた同じことの繰り返しなので、中毒性があるこの楽曲を洗濯完了音に選んだメーカー日立の審美眼には感服します。

さらにこの「ピアノソナタ第11番イ長調K.331」3楽章はあの有名な楽曲「**トルコ行進曲**」を含んだ名曲でもあります。ぜひ一度全楽章を通して聴いてみてほしいと思います。

モーツァルト作曲
「ピアノソナタ第11番イ長調」第1楽章

モーツァルト作曲
「トルコ行進曲」

# いつも失恋してしまうベートーヴェンを暖めて

　モーツァルトと同じくらい、いやさらに日本人にも馴染みがある作曲家はルートヴィヒ・ヴァン・ベートーヴェン（１７７０〜１８２７）でしょう。ライオンヘアーで赤いスカーフを巻き、難しそうな怖い顔をした肖像画を知っている方も多いでしょう。ベートーヴェンのフルネームは知らなくても、「ジャジャジャジャーン」で始まる**「交響曲第5番ハ短調作品67〈運命〉」**の冒頭はほとんどの人が一度は聴いたことがあるという実に有名な作曲家です。

　「楽聖」と呼ばれる偉大な作曲家ベートーヴェンは、１７７０年に今のドイツ・ボンで生まれました。それまでバッハやハイドン、モーツァルトなどが作ってきた音楽をさらに進化させ発展させた交響曲を作り上げ、その後の音楽の歴史を変えていくほどのパワーがありました。バッハが教会での音楽で、モーツァルトが宮廷での音楽で一時代を築いたのとは違って、ベートーヴェンは当時の市民、音楽を愛する一般社会か



ベートーヴェン作曲
「交響曲第5番ハ短調
〈運命〉」

らも大きく期待され受け入れられた作曲家ともいえます。

当時のハプスブルク家お膝元の首都ウィーンでは、新興市民たちが経済力を持ちはじめ、文化も牽引していました。家庭でも音楽教育が施され、ヴァイオリンやピアノを家族で演奏することもありました。また、ディレッタントと呼ばれるアマチュア演奏家、音楽愛好家たちが集まり、自分たちでオーケストラを作ってベートーヴェンに楽曲の依頼をしたりします。音楽の都となったウィーンでは、それほどまでに市民の音楽文化が発展していました。そのような社会で、ベートーヴェンは音楽愛好家たちからその楽曲を愛され、演奏されていた人気作曲家であったわけです。

それは、あのライオンヘアーからもよくわかります。先述のとおり、バッハやモーツァルトらは、当時の礼装として貴族階級のしきたりに沿ったカツラをかぶっていました。でもベートーヴェンはそんな姿ではありません。伸ばしっぱなしの髪を振り乱したような様相で肖像画にされています。貴族としてではなく、市民階層であり、またそんな社会から認められていたということも、ワイルドなその姿から垣間見ることができます。

とはいえ、ベートーヴェンは恵まれていたとはとてもいえない、辛い人生を送ったのは確かです。20代後半頃にはすでに耳が聞こえにくくなりはじめ、それを苦にして1802年、32歳の時には遺書をしたため、一時は自殺も考えます。それでもベートーヴェンは病をなんとか乗り越えながら作曲を続けます。40歳頃には耳はまったく聞こえなくなっていたといいます。あの有名な「第九」は、耳の聞こえない状態で完成させた曲なのです。

作曲家としての才能だけでなく不屈の精神で生き続けて作り続けた楽聖のことは、今でも世界中で尊敬され、その音楽は演奏され続けています。その最期の大作「第九」がウィーンで初演されてから、2024年がちょうど200年の記念の年となり、世界中でその記念のコンサートが企画されています。

さて、そんな稀有《けう》な作曲家ベートーヴェンの作品が、日本の家庭でも流されていることにも注目しなければなりません。なんと石油ファンヒーターにその代表曲が使われているのです。ベートーヴェン作曲のピアノの名曲「**エリーゼのために**」です。この曲は灯油の残りが少なくなったサインで、「灯油が切れそう、もうすぐ火が消えます」とお知らせしてくれます。

ベートーヴェン作曲
「エリーゼのために」

「エリーゼのために」は美しいピアノ曲として大変有名です。演奏技術的にはそれほど難易度は高くないことから、ピアノのレッスン曲として必ず使われる曲でもあります。学校のピアノでこの曲を披露する生徒の姿を見た記憶がある方もいらっしゃるでしょう。

ベートーヴェンはこの楽曲を、恋した女性に贈りました。エリーゼというのが誰を指しているのか現在も確かにはなっていません。ただ、この恋は実らず、ベートーヴェンの片思いは終わってしまうのです。ベートーヴェンはこの曲以外にも恋した女性に送ったものがいくつか残されていますが、残念ながらどの恋も実ることはなく、生涯独身でした。

こうしたベートーヴェンの恋愛不遇な人生を知った上で、ファンヒーターのお知らせ音楽が鳴ったなら、この曲がもっと切実な訴えをしているような気がしてきます。灯油が切れそう、もう残りは少ないんだ、この部屋はもうすぐ寒くなってしまう、早く僕を暖めて。そう悲しげに訴えるベートーヴェンを想像すると、一刻も早く灯油を追加したくなるに違いありません。

# 待たされるのはもういやなの、保留音に気をつけて

かかってきた電話を保留する。若い方にはこの動作すら最近では通じないようです。携帯電話が普及する以前は各家庭に1台電話機がありました。また現在でも会社や店舗などでは、固定電話が設置されている場合があり、かかってきた電話を誰かに繋《つな》ぐ時、またお店では確認を取るためなどで、一度通話を音楽だけに切り替えて、「保留」しておくことがあります。その際に、電話口では音楽が流されており、多くの場合それはクラシック音楽が採用されています。

代表的なものは、イギリスの作曲家エドワード・エルガー（1857〜1934）の**「愛の挨拶 作品12」**でしょう。電話の保留音では、この曲の冒頭の旋律から流されることが多いようです。

愛の挨拶というとおり、この曲は、エルガーが1888年にキャロライン・アリス・ロバーツとの婚約記念に贈った曲とされています。当時30歳のエルガーはまだ作

エルガー作曲
「愛の挨拶」

曲家としてはほとんど無名で、ヴァイオリン奏者としての収入も多くありませんでした。ピアノを教えて生活の糧にしていたところ、8歳年上のキャロラインがレッスンに来るようになります。愛し合ったふたりは結婚を願うようになるのですが、当時の宗教の違いや社会的な身分差で周囲の反対もあり、なかなか結婚には至らなかったようです。

そんな苦しい恋をとうとう実らせ、周囲の反対も押し切って婚約しました。その時にエルガーがキャロラインに贈ったのが「愛の挨拶」です。婚約の喜びに満ち溢《あふ》れた、優しい旋律のピアノとヴァイオリンが一緒に演奏できる素晴らしい楽曲です。

この「愛の挨拶」の美しくロマンチックな優しいメロディが保留中に流されたら、通話を待っている人のイライラも緩和され、待ち時間も気にならなくなるでしょう。

ただ、この曲は最初に出てくる旋律が2回続いた後で転調し、少しメロディが暗めに聴こえます。ヴァイオリンとピアノの演奏で元の楽曲を聴けば、この転調した部分からがドラマチックで、まるで愛が盛り上がっているかのような雰囲気がよくわかるのですが、機械音で単旋律、さらに同じ音の強さでこの保留音を聴くと、この部分のもの悲しい側面だけが強調されてしまいます。

実際にこの保留音を聴かされている側、相手の応答を待っている側からすれば、しばらくしてから流れてくる、このもの悲しさがさらにまだ待たされるのかという不満やイライラを増幅してしまうとの声も聞かれます。会社や店舗でこの保留音がついている電話機をお持ちの場合は、ぜひ保留を早めに終わらせて再度通話に戻るようにしたいものです。

## 「お風呂が沸きました」のあのメロディ

単旋律機械音の電話保留音では少し問題も見えてきた家電クラシックですが、これをしっかりと解消しているものも存在します。

お風呂のお湯張り完了をお知らせしてくれるあのメロディです。ノーリツ製の給湯器から奏でられるセオドア・オースティン（エステン）（1813〜70）作曲「**人形の夢と目覚め**」の一節に続く「お風呂が沸きました」という声を聞いたことのある方は多いでしょう。セリフもセットにしたこの楽曲の一連の流れは、今や日本の夜のリラッ

オースティン作曲
「人形の夢と目覚め」

クスタートミュージックとして定着しているといってもいいほどです。楽曲のタイトルは聞いたことがなくても、音楽を再生すれば必ず聴き覚えがあることに気づくことでしょう。

作曲家オースティンは、これまでご紹介したようなベートーヴェンなどに比べたらそれほど知名度の高い作曲家ではありません。交響曲などの大きなオーケストラ編成楽曲を作ったわけでもありません。ただ、歌曲やピアノの小品（小さな楽曲）で優れた作品を残しました。

同時にオースティンはよき教育者でもありました。小さな子どもから大人まで、音楽に親しみ、音楽を理解できるために彼は尽力しました。そんな彼の作った楽曲のひとつ、この「人形の夢と目覚め」もピアノを習う初期の段階で取り組むことの多い楽曲です。日本でもそれは同じで、筆者自身、ごく幼い頃にこの曲を弾いた記憶があります。

この製品の開発にもそんな日本の音楽教育の背景が大きく影響していました。ノーリツ社の広報に取材したところによると、１９９５年の製品開発当時、担当した社員の発案で、この曲に決まったといいます。この開発者は幼少期にヴァイオリンを習っており、その隣のピアノ教室に通う子どもたちが弾くこの曲が耳に残っていたというのです。それくらい、この楽曲は音楽教育の分野に広まっているということになります。遠く離れたドイツ・ベルリンのピアノを習う子どもたちのために作られた楽曲が、時を経て、海も渡って日本のお風呂タイムを演出していることを思うと、改めて音楽の持つ力や不思議な魅力に気がつきます。

さて、このお湯張り完了「人形の夢と目覚め」メロディの音源制作について、製品を作っているノーリツ社から、面白い話を伺いました。

当初は他の家電製品の大部分がそうであるように、楽譜をパソコンに読み込ませて、電子音でメロディを作っていたとのことですが、改良の際には人の演奏をベースにした音源に変更されたそうです。いったんシンセサイザーの生演奏をコンピューターに保存し、その演奏音を鉄琴の音に変換したものが現在製品から聴こえている音楽です。これについて、開発者は「人が弾くものをそのままデータにしたほうが耳馴染みがよかった」からだと説明しています。

この意見は音楽を生業《なりわい》にする人、プロ奏者たちの大きな勇気になるのではないでしょうか。今では楽器に楽譜データを入れておけば自動で演奏できる装置はたくさん存在します。またＡＩによって、作曲もできるようにさえなっています。ただ、こうした機械による演奏では音楽的ではないように聴こえる、人の心には響いていない、ということです。

例えば、楽譜を入力しての自動演奏では、まさに楽譜のとおり、正確に平均的に4分音符は4分音符の長さで再生され、1小節の中の同じ音符の長さは正確に均一化します。しかしながら、人間が演奏する場合、例えばそれぞれの指の長さや弾きやすさ（ピアノであれば、人差し指と薬指では弾きやすさが変わってくることは想像できるでしょう）の違いや、その音楽、メロディが意味するところ、次の音に行くための空間や余裕などでも、少しずつ違っているはずなのです。

もちろん卓越した演奏技術を持つ奏者であれば、機械のように完璧に近い演奏もできるでしょう。しかしながら、音楽には技術的なものだけでない、人間らしさや不完全さがある種の味わいとなり、人の心に届いているという事実がそこにあるのです。一日の最後にお風呂に入ってほっと一息つく。このリラックスタイムの始まりを告げる音楽には、そうした人間による人間のための心遣いがつまっていたのでした。

　これまで見てきた家庭の中での例から、日常の音楽は人の心を動かす作用を考えて使われていることがわかりました。ではもう少し視野を広げて身近なところで使われている音楽に目を向けましょう。

第3章

# テレビ番組・CMと クラシック音楽

*Musik ist in der Tat der Mittler zwischen dem spirituellen und dem sinnlichen Leben.*

—— Ludwig Van Beethoven

音楽とは精神と感覚の世界を結ぶ
媒介のようなものである。

——ルートヴィヒ・ヴァン・ベートーヴェン（作曲家・1770-1827）

# アルコールもほどほどに

身近なクラシック音楽といえば、次に思い浮かぶのはテレビ番組やコマーシャル（CM）で耳にするものではないでしょうか。特に何度も同じ用途で繰り返し使われると耳に馴染《なじ》むだけでなく、曲そのものがテレビ番組・CMと組み合わさって覚えてしまいます。

そんな楽曲のひとつが、モデスト・ムソルグスキー（1839〜81）作曲・**組曲「展覧会の絵**」の中の一曲「**キエフの大門**」ではないでしょうか。日本各地の面白い場所を紹介するテレビ番組『ナニコレ珍百景』にこの楽曲の印象的な部分が使われています。カメラが名所にズームインしていく場面で、視聴者の期待感を煽《あお》り、先へ先へと進ませるような曲調はまさにこうしたテレビ番組のBGMとしてうってつけです。この楽曲をここに選んだ番組制作チームの審美眼には感服します。

ムソルグスキーという名前には、聞き覚えのある方も多いと思います。小学校や中

ムソルグスキー作曲
組曲「展覧会の絵」
より「キエフの大門」

学校の音楽の教科書に出てくる人物です。「**禿《はげ》山《やま》の一夜**」という曲名だけを、その名前のインパクトだけで覚えていらっしゃる人も多いでしょう。下品な言葉を覚えがちの小学生にぴったりのタイトルです。楽曲は壮大で重厚ないたって真面目なものなのですが、その曲そのものを覚えているという人にはなかなかお目にかかれません。ディズニーの名作映画『ファンタジア』でも使用されていると言えば思い出すかもしれません。

　ムソルグスキーは1839年にロシア帝国で生まれました。幼い頃から母にピアノを習っていて、音楽に親しむ教育を受けていました。とはいえ音楽家や作曲家を目指していたわけではなく、当時のロシア貴族たちの間で当たり前とされていたように、優秀な学校へ通い軍人か官僚になることを目指します。優秀だったムソルグスキーは13歳で士官候補生になったとされています。

　しかし、音楽のことを忘れたわけではなく、多くの文化人や音楽家に会う中で、自分も作曲を続け音楽の道に進みます。ムソルグスキーは早熟な秀才だったのだとわかります。

ムソルグスキー作曲
「禿山の一夜」

若き作曲家となったムソルグスキーは、当時音楽の中心だった欧州の真似をするのではなく、ロシアの伝統や国民性を重視した作品を作っていきます。そこがムソルグスキーの大きな特徴です。

『ナニコレ珍百景』に使われている1874年作曲「キエフの大門」もまさにそんな背景のある曲のひとつです。「展覧会の絵」はムソルグスキーが、画家で友人のヴィクトル・ハルトマンの遺作展の10の作品を見て歩く様子を音楽にしています。「キエフの大門」はその絵のタイトルなのです。

キエフといえば現在はウクライナの首都であり、現在の世界情勢からその名を現地ウクライナ語の発音に近いキーウと呼ぶよう、日本でも報道などが変わったところでもあります。ただ、楽曲のタイトルとしては、当時ロシア語でつけられたこの曲名を、固有名詞としてそのまま現在も使うことが日本では通例となっています。

ムソルグスキーといえば赤ら顔の肖像画が有名ですが、実際にアルコール依存症であったことも知られています。上級職であった士官の職から音楽家に転身したことで経済的に困窮し、また生活のために働く中で当時の下級市民らの窮状も知っていくうちに、お酒に逃げるようになったのではとされています。その飲酒は次第にエスカレートし、ムソルグスキーはアルコール中毒と心臓発作などにより1881年に42歳で亡くなってしまうのです。珍百景を見て笑いながら、今日も一杯プシュッと開けるのは何より楽しいのですが、ムソルグスキーを思い出し、どうぞお酒はほどほどに。

## 友情があってこそタックルはできる

テレビ番組の雰囲気に合いすぎて、番組のオリジナル曲ではないかとまで思われていたのは、討論バラエティ番組『ビートたけしのTVタックル』でオープニングに使われていたジョルジュ・ビゼー（1838～75）作曲の**オペラ《カルメン》の前奏曲**ではないでしょうか。華々しい雰囲気と勢いよく進むメロディがこの番組の切れ味抜群な出演者たちにマッチしており、耳に残る一曲です。人気ゲーム『太鼓の達人』にも登場する、リズム感豊かで親しみやすい音楽としても知られています。

オペラ《カルメン》は、スペインを舞台に、魅惑的な女性カルメンと、その魅力に抗えずに戦いを選んだ男たちの悲劇の物語です。タバコ工場に勤めるカルメンが、妖



ビゼー作曲
オペラ《カルメン》
前奏曲

艶な衣装でタバコをふかしながら登場し、男たちを翻弄していく様は迫力があります。また、その魅力を存分に使って自分の立場を確立していく様子は、女性の真の怖さを体現しているようです。

『TVタックル』で使われているのは、このオペラが始まる際に冒頭で演奏される、歌のない管弦楽の部分です。オペラの前奏曲・序曲は、「さあ、いまからこんなオペラが始まりますよ！」と劇の内容を示唆したり、また観客の注意を舞台に向けて期待を膨らませたりすることに効果を発揮します。カルメンの前奏曲はテンポも速く、印象に残るメロディで構築されていて完成度が高い楽曲です。

このオペラには他にも、第1幕でヒロインのカルメンが「私に好かれたら大変なことになっちゃうわよ」と妖艶に歌うアリア（ソロで歌う楽曲）「**ハバネラ**」や、第2幕で男性独唱から合唱になる雄大な楽曲「**闘牛士の歌**」なども有名です。どちらも誰もが一度は聴いたことがある曲です。それらを含むこのオペラの音楽は、オペラとしての公演ではなく、オーケストラだけで音楽を楽しむ管弦楽の組曲として演奏される機会の多い、人気のある優れた作品です。

ビゼー作曲
オペラ《カルメン》
第1幕「ハバネラ」

ビゼー作曲
オペラ《カルメン》
第2幕「闘牛士の歌」

《カルメン》を作曲したジョルジュ・ビゼーは、早くから音楽の演奏での才能も発揮した音楽家でした。作曲を始めてほどなくオペラ座などでの公演機会も得るなど、順風な音楽家人生を歩むかと思われていました。しかし存命のうちに上演されたオペラなどの評価はあまり高くなく、36歳という若さで亡くなった薄幸の作曲家です。

このオペラ《カルメン》も、初演当時はオペラ（セリフをすべて歌で表現する舞台）ではなく、セリフを含んだオペラコミックとして上演されました。これは評論家たちからあまり評価はされませんでしたが、お客からの反応はまずまずで、ビゼーはこれを本格的なオペラに書き換えることを考えます。それをウィーンでも上演する話も持ち上がっていたのですが、残念ながらその書き換えを自分で完成することができず、心臓発作で亡くなってしまいます。

ビゼーの急逝を悲しんだ友人で作曲家のエルネスト・ギローが改作の続きを行って完成させ、今に繋《つな》がっているというわけです。ギローの好意がなかったらこのオペラがここまで評価されることもなかったかもしれません。友情は大事という見本のような出来事です。

# 思わず料理をしたくなる行進曲

テレビ番組に使われている最も印象的なクラシック音楽といえば、『キューピー3分クッキング』のオープニングテーマではないでしょうか。この番組はなんと1962年から放送されているそうです。夏休みなど平日に家にいる時、テレビからこの曲が流れてくると、「そろそろお昼ご飯だな」と思ったものです。

この曲はキューピーマヨネーズのテーマソングだと思っていた、クラシック音楽だということを知らなかったという方も多いのではないでしょうか。軽快なリズムが刻まれる2拍子のこの楽曲は、ドイツの作曲家レオン・イェッセル（1871〜1942）作曲の**オペレッタ《おもちゃの兵隊の観兵式 作品123》**の一曲、日本では「おもちゃの兵隊のマーチ」と呼ばれている楽しい楽曲です。

オペレッタとは音楽劇の一種で、歌やオーケストラの演奏する音楽、演技を伴うセリフの部分から成り立っています。「喜歌劇」と訳されていたこともあるように、コ

イェッセル作曲
「おもちゃの兵隊の
マーチ」

ミカルで楽しい内容の作品が多いのが特徴です。オペラがほぼ全体にわたって音楽中心、歌で説明していくのに対して、オペレッタはセリフが多く、演劇的な要素を持つのが特徴です。

イェッセルは1871年にドイツ東部の都市シュテティーン（現在のポーランド）で生まれます。両親が商人で、跡を継ぐことを求められていましたが、イェッセル本人は音楽家になることを夢見て勉強を続けます。そしてのちに指揮者、音楽監督、劇場指揮者などのポジションも得て、ドイツの多くの都市で活躍するまでになります。作曲家としては合唱曲やオペレッタなどを作るようになりました。また人望に厚く、ドイツの演奏権団体である初期のGEMAの設立メンバーともなり、音楽家の権利を守るために働きました。音楽業界にとって大変重要な人物でもあります。

しかし時代は変わってしまいます。イェッセルがユダヤ人であったことからナチス政権下で迫害を受け、国立音楽研究所の職からも追放され、作品は上演を禁止されてしまうのです。そしてイェッセルは1941年に逮捕されました。現在のベルリン、アレクサンダー広場の警察局地下室で拷問《ごうもん》を受けたという記録も残っています。その後1942年にベルリンで亡くなりました。

もしもこうした悲劇が起こらなければ、イェッセルの作品はもっと多く残され、上演が重ねられていたでしょう。クラシック音楽にもこうして歴史の中で起こった悲劇に翻弄され、失われてしまったものが多くあります。

私たちが今、テレビを見ながら今晩のおかずを考えられる幸せがここにある。それを「おもちゃの兵隊のマーチ」も教えてくれているのです。

## シューマンとウルトラマン

懐かしき昭和の時代、アポロ11号の月面着陸をきっかけに天体に興味を持ち、地球外生命体に目を輝かせていた純朴なる子どもだったみなさま、お元気ですか。そんなみなさまが幼少期に心躍らせて見たテレビ番組といえば、やはり特撮ものではないでしょうか。

その頃人気を誇った特撮番組のひとつにウルトラマンシリーズがあります。中でも特に絶大な支持を得たのが『ウルトラセブン』です。この『ウルトラセブン』の、あの最終回の、あの大事なシーンに、実は圧倒的な存在感でクラシック音楽が使われているのです。

負傷してぼろぼろになった主人公モロボシ・ダンが、怪我をおして最後にまたウルトラセブンに変身しようとします。その時、ウルトラ警備隊の同僚で心から慕うアンヌがやってきます。ダンはアンヌに向かって「僕はね。人間じゃないんだよ。M78星雲から来た、ウルトラセブンなんだ！」と告白するのです。その瞬間、ロベルト・シューマン（1810〜56）作曲の「**ピアノ協奏曲イ短調作品54**」が勢いよく流れはじめるのです。なんというタイミング。そしてなんという選曲の妙。この音楽とセリフの融合はまるでウルトラセブンのオリジナル楽曲かのように、しっかりとシーンを彩っているのです。

ピアノ協奏曲とは、オーケストラとピアノで演奏する楽曲です。『ウルトラセブン』で使われたこのピアノ協奏曲は、作曲家ロベルト・シューマンが1845年に完成させ、妻でピアニストのクララ・シューマンが翌年にライプツィヒ・ゲヴァントハウス管弦楽団でフェルディナント・ヒラー指揮の指揮によって初演しています。

シューマン作曲
「ピアノ協奏曲
イ短調」

作曲家ロベルトとピアニストであるクララの夫婦。実は若いふたりが結婚しようとした時、ロベルトの音楽の師でもあったクララの父親から厳しく反対を受けました。それでも結婚したかったふたりは、クララの父親を訴えて裁判をしてまで結婚にこぎつけたのでした。その後ふたりは睦まじく生き、8人の子どもをもうけます。しかしロベルトは精神障害を発症して幻聴まで聴こえるようになり、1856年に46歳で亡くなりました。

死の数日前、ロベルトはほとんど自由のきかなくなった両手で、クララをきつく抱きしめたといいます。クララはその後、ロベルトの遺した楽曲をピアニストとして欧州各地で公演を行い、演奏しています。互いに理解しあっていた音楽家夫婦の愛には心打たれます。

ロベルトの作ったピアノ協奏曲は、『ウルトラセブン』に使われたこの一曲だけです。この曲を遺して亡くなったロベルトと、それを生涯大切に弾き続けたクララ。アンヌがダンに「ウルトラセブンでもダンには変わりない」と心から訴えたと同じように、クララはたとえ病であっても、作曲家ではいられなくなっても、生涯ロベルトを理解し続け愛し続けました。そんな音楽家ふたりとダンとアンヌの関係が重なって見えます。

ところでこのシーンに使われている音源は、なんとあの偉大なヘルベルト・フォン・カラヤン指揮、ピアノはディヌ・リパッティ、フィルハーモニア管弦楽団という豪華メンバーの録音です。気鋭のピアニスト、リパッティも病によって33歳という若さでこの世を去りました。亡くなる2年前のこの演奏には、どこか切迫した鬼気迫るものが感じられます。この時すでにリパッティも深刻な病を抱え、痛みをおして演奏活動を行っていたというのです。

傷を負っているにもかかわらず命の危険を顧みずに人類と地球のために戦いに向かったウルトラセブン。そして、耐え難い痛みと治療のつらさを堪えながら演奏を続けたピアニスト、リパッティ。そして体の自由さえなくなって作曲を続けられなくなったロベルト・シューマン。『ウルトラセブン』の最終話の重要なシーンを彩るこのピアノ協奏曲をひもとけば、こんな繋がりが見えてくるのです。この楽曲とこの録音を選んだ、『ウルトラセブン』の音楽担当で作曲家の冬木透の審美眼にも喝采《かっさい》を送りたくなりますね。

# 悲劇の旋律に背筋も凍る

特定の番組のテーマ曲ではなく、さまざまな作品でシーンを彩る楽曲として使われるクラシックも多く存在します。

最も有名なのは、パブロ・デ・サラサーテ（１８４４～１９０８）作曲の「**ツィゴイネルワイゼン**」でしょう。ドラマの中で主人公が泣き崩れるシーンや、とんでもなく悲惨な事実が判明した際などに多用されており、誰もが一度は聴いたことがある楽曲です。曲の冒頭からいきなりドラマチックで悲壮感漂うこのメロディは、まるでドラマや映画のために作られたような、シーンにマッチする効果音のようですが、れっきとしたヴァイオリンと管弦楽の楽曲なのです。

パブロ・デ・サラサーテは１８４４年にスペインで生まれました。８歳ですでにプロのヴァイオリン演奏家としてコンサートを行っており、10歳の時にはスペイン女王イサベル２世の前でも演奏したという、神童の鑑《かがみ》のような少年時代を過ごします。そ

ブラームス作曲
「ヴァイオリン協奏曲
ニ長調」

の後パリ音楽院に進み、トップの成績を収めます。当時パリで著名な作曲家だったサン＝サーンスら一流文化人とも交流し、作曲の分野でも頭角を現します。さらに、突出した演奏技術を持つサラサーテは、ヨーロッパ中にその名声が届き、音楽界に影響を及ぼしました。

ドイツの大作曲家ブラームスは、1877年にサラサーテの演奏を聴いたことをきっかけとして、**「ヴァイオリン協奏曲 ニ長調作品77」**を作ります。また、ロシアのチャイコフスキーもサラサーテが弾いたという曲の楽譜を手に入れたことから、**「ヴァイオリン協奏曲 ニ長調作品35」**を作りはじめます。現在、四大ヴァイオリン協奏曲（メンデルスゾーン、ベートーヴェンを含む）と呼ばれるもののうち2つが、このサラサーテを意識して作られているのですから、どれほどその存在が大きかったかがわかります。

そんな才能豊かなサラサーテのヴァイオリンの演奏がどれほど素晴らしかったのか、興味が湧くところではないでしょうか。実は**本人の演奏したもの**が録音されて現在も残っています。この悲劇的なBGM「ツィゴイネルワイゼン」の作者による演奏が、今すぐストリーミングサービスで聴くことができるのです。1904年、録音技



サラサーテ作曲・演奏
「ツィゴイネルワイゼン」

チャイコフスキー作曲
「ヴァイオリン協奏曲
ニ長調」

術が音楽の世界に紹介されはじめた頃、いち早くサラサーテが興味を示します。クラシックの名門レーベル・グラモフォンの前身となるグラモフォン・アンド・タイプライター社の円盤のディスクレコードに、サラサーテは自作7曲を録音します。100年以上前で雑音も多いモノラル録音ですが、しっかりとヴァイオリンの音色を鑑賞できます。

しかもこの「ツィゴイネルワイゼン」の録音にはちょっとした驚くべき音声も収録されているのです。演奏の途中に突然、人の声が聞こえるのです。古い録音の哀愁漂う雰囲気の楽曲が流れる、おどろおどろしい音質の中で、突如として聞こえる人の声。一瞬ひやりとしたものが背中を伝います。これは録音技師かまたはサラサーテ本人が喋《しゃべ》ってしまったものではないかといわれていますが、恐怖を掻き立てる一瞬であることには変わりありません。そんな逸話のある楽曲「ツィゴイネルワイゼン」をドラマなどの悲劇に用いたセンスには、脱帽するばかりです。

# 子どもたちだって哀悼の意を表します

テレビ番組の中だけでなく、実はテレビゲームの中にもクラシック音楽が効果的なBGMとしてたくさん使われています。

ゲームが世に浸透しはじめた昭和の時代では、ゲーム内に大きなデータで音楽を入れる余地はなく、シーンごとに旋律（メロディ）だけを短く入れることが限界でした。その最も有名なものとしては、ゲームのキャラクターが死んでしまってゲームオーバーになった際に印象的に使われたフレデリック・ショパン（1810または1809〜49）作曲の「**ピアノソナタ第2番変ロ短調作品35**」でしょう。葬送行進曲と名付けられたこの楽曲の**第3楽章冒頭**は、ドラマなどでも死に直面するシーンで多く使われました。ダーンダーダダーンと印象的なリズムで進む冒頭は、ゲームオーバーの際に小学生の男の子たちがふざけあって口ずさんだものです。

ショパン作曲
「ピアノソナタ第2番
変ロ短調」第3楽章

ピアノの詩人と呼ばれるショパンは、ポーランド出身のピアニストで作曲家です。美しい表現方法で数々のピアノ曲を残しました。かつてドラマ『101回目のプロポーズ』で使われた「**別れの曲**（**練習曲作品10第3番**）」や、アイススケートの羽生結弦さんのショートプログラムに採用された「**バラード第1番ト短調作品23**」などお馴染みの楽曲がたくさんあります。

そのひとつ、この「ピアノソナタ第2番」は1839年フランスで作曲されました。第3楽章の葬送行進曲はそれ以前に作られていたことがショパンの友人に宛てた手紙に記されています。葬送行進曲とは、その名前のとおり葬儀の際に歩いていくための楽曲です。欧州では土葬が一般的で、棺《ひつぎ》を担いでゆっくり歩いて墓地へ行く際の楽曲として作られています。そのため、葬送行進曲はテンポのゆっくりした2拍子となっています。元気よく行進するマーチはテンポが速い2拍子です。

モーツァルトやベートーヴェンもこの葬送行進曲のセオリーに則った楽曲を残しています。ショパンはこの曲を誰かの葬儀のために作ったとは明言を残しておらず、そのためショパン自身のためではないかとも考えられていましたが、はっきりしたことはわかっていません。ただ、とてつもなく悲壮感があり、重々しい名曲であることは



ショパン作曲
「別れの曲」

ショパン作曲
「バラード第1番
ト短調」

間違いありません。死に直結したこの楽曲は今でもゲームだけでなくドラマなどの演出に欠かせない楽曲となっています。

## 胃腸をいたわるイ長調

ショパンの美しいピアノ曲といえば、日本では実に効果的な使い方をしているものもあります。それは太田胃散のテレビCMです。ショパンの曲ということを知らなくても、楽曲を聴けば「胃薬の！」と気がつくでしょう。美しいこのピアノ曲は、「**24の前奏曲作品28第7番イ長調**」と呼ばれている楽曲です。

〝胃腸〟の調子を整えることを願って〝イ長〟調のこの楽曲が選ばれたのではないかという駄洒落《だじゃれ》に満ちた推測はともかくとしても、大変優雅で優しい雰囲気の楽曲です。16小節分しかないこの曲はだいたい30秒で弾き終えることができます。CMの長さを考えてもぴったりくる選曲だったといえるでしょう。



ショパン作曲
「24の前奏曲第7番
イ長調」

前奏曲（プレリュード）は何かの前に演奏する曲という意味ではなく、形式にとらわれず自由な作風で作る、という意味があります。加えてショパンはこれを、あることに準《なぞら》えて作ることを考えていたようです。それはこの24という楽曲数がキーワードです。

音楽には、聴くとなんだかハッピーな気分になる長調と、悲しげな気分を感じる短調という作曲上の法則があります。ドレミファソラシドという1オクターブに、それぞれ日本の音名でハニホヘトイロハの文字が当てられています。ソから始まる長調のことをト長調、短調の場合をト短調と表記します。ちょっと難しい話になりますが、ドの半音上がった嬰《えい》ハや、半音下がったシの変ロなども含め、これらの調性のバリエーションは全部で24個あります。

J・S・バッハがこの24種類の調性すべてで「平均律クラヴィーア曲集」という前奏曲とフーガを作っています。ショパンはこれを尊敬して倣い、「24のプレリュード（前奏曲）」を作ったとされます。ショパンの24曲もすべて違った調性で作られているのです。

胃腸を優しく労わるイ長調は、その中のひとつということになります。ちなみに、ショパン自身も虚弱体質で、この「24のプレリュード（前奏曲）」が完成した頃は暖かいマジョルカ島で静養していました。恋人であるジョルジュ＝サンドは、マジョルカ島での生活の中で食の細いショパンのために、消化が良いようにしっかりと煮込んだ優しい味付けの野菜のスープを作っていたとか。こんな逸話もあるこの曲が、日本で胃腸薬のテーマとなって浸透したのはある意味必然だったのかもしれませんね。

## ダッタン人と奈良へ行こう

東大寺の大仏殿、興福寺の中金堂、1300年前からの時を超えた美しき奈良。そして新幹線。JR東海が奈良のキャンペーンで展開したこのCMで使われている音楽、実はオペラの楽曲です。CMに使われているのは、冒頭の一節で、悠久の時を思わせる緩やかな旋律で、優しく撫でられるような柔らかな心地がします。奈良の落ち着いたイメージにぴったりではないでしょうか。

この楽曲はアレクサンドル・ボロディン（1833～87）が作曲した**オペラ《イーゴ**

**リ公》第2幕の「ダッタン人の踊り」**という楽曲です。アレクサンドル・ボロディンという名前を、もしかすると化学に精通されている方なら知っているかもしれません。実はボロディン自身は音楽家というよりもむしろ、本職は化学者の日曜作曲家と言ったほうが事実に沿っています。

ボロディンは1833年にロシアに生まれました。幼い頃からピアノを好んで弾いていたようですが音楽学校へは進まず、サンクトペテルブルク大学医学部に進学します。さらにハイデルベルク大学で化学を専攻し、卒業後はサンクトペテルブルク大学医学部生化学の分野で教授になるなど、生涯を通じて化学者として生きた人物です。

一方でボロディンの音楽への興味は尽きず、30歳を過ぎてからロシアの作曲家ミリイ・バラキレフより作曲法を学び、なんと交響曲を作りはじめるのです。その作品はロシアだけでなく欧州でも評価されるほど、作曲を始めたばかりとは思えない出来栄えでした。あの名ピアニストで作曲家のフランツ・リストがボロディンの交響曲第2番がドイツで上演できるよう手伝ったともいわれています。

作曲家にとっての交響曲とは、登山家にとってのマッターホルンともいえる最高峰に位置する作品形態です。フルオーケストラで4楽章構成、そして演奏時間は数十



ボロディン作曲
オペラ《イーゴリ公》
第2幕「ダッタン人の踊り」

分、場合によっては1時間を超える大作なのです。そんな大業を作曲を始めたばかりの化学者が成し遂げただけでなく、一流の音楽家に認められ、さらに他国でも演奏されるなど、作曲家を目指す人たちからすれば羨《うらや》ましくて仕方のない出来事でしょう。

そしてさらにボロディンは、作曲分野のチョモランマともいえるオペラに挑戦するのです。その2つ目の作品が《イーゴリ公》です。キエフ大公国のイーゴリ公が遊牧民族ポロヴェツ人（ダッタン人）に対して遠征をした物語です。残念ながらボロディンはこのオペラを完成することができず、53歳で病によって突然死してしまいます。オペラ《イーゴリ公》はその後2人の作曲家によって補完されました。

ボロディンは作曲を始めて20年ほどで亡くなってしまいましたが、オペラ以外でも交響曲や交響詩を4作、室内楽やピアノ曲、合唱曲などを残しました。本業の化学分野でも自身の名前のついたボロディン反応など、偉大な研究成果を残しました。才能ある人はしばしば多分野で活躍し、それぞれに一流の成果を発揮することがあります。特に科学や数学分野と音楽の相性は良いようで、物理学者や数学者が作曲家や指揮者になることがあります。

常人には理解できない頭の良さと言ってしまえばそれまでですが、たとえ世界で一流の何かになれなくとも、人はそれぞれの人生でそれぞれに精一杯生きていることは確かです。そんな忙しく大変な毎日に、しばしボロディンの音楽に浸りながら、古都に思いを馳せて気分転換したいものですね。



## 転職したくなる悲愴感

クラシック音楽の持つ雰囲気、楽曲のイメージはその楽曲の完成度が高ければ高いほど、それが加わった映像のクオリティも高くするようです。特に短い時間で意図を伝えなければならないテレビＣＭでの効果は抜群です。前項のショパンだけでなく、チャイコフスキーの楽曲にも、そうしたＣＭに使われた代表的な楽曲があります。それは「**弦楽セレナーデ　ハ長調作品48**」です。現在の職場がどれだけ酷《ひど》いのかをドラマ仕立てで構成し、一刻も早く転職をしなければ、と見ている人を誘う人材派遣会社スタッフサービスのＣＭに使われていました。

「オー人事、オー人事」というナレーションのこのＣＭは１９９７年から２００４年

チャイコフスキー作曲
「弦楽セレナーデ
ハ長調」

まで約6年間シリーズ展開されています。職場の酷いシチュエーションの、その悲壮感を「弦楽セレナーデ」のヴァイオリンのメロディがさらに盛り立てています。このCMは日本国内だけでなく海外でも多数の広告賞を受賞したというのですから、反響の大きさとクオリティの高さがうかがえます。20年の時を経てもこのCMの記憶は薄れず、2018年には期間限定2日間のみで新作6本をウェブで公開し、400万回再生を記録したというから驚きです。このCMのシナリオ、シチュエーション、もちろん映像そのものが良かったことは当然としても、そこにさらに印象を強く与える力のある楽曲を選択したこともまた、功を奏したといえるのではないでしょうか。

この「弦楽セレナーデ」は、ロシアの作曲家ピョートル・チャイコフスキー（1840〜93）が1880年に作曲した、4楽章からなる弦楽オーケストラ（ヴァイオリン、ヴィオラ、チェロ、コントラバスの合奏）の楽曲です。CMに使われたのはこの第1楽章冒頭の部分、つまりこの楽曲の最初の部分が大変印象的だということになるでしょう。

チャイコフスキー自身がこの楽曲について「モーツァルトへのオマージュで、モーツァルトの作曲手法や様式を意識している」と言ったとおり、古典的で伝統に則った美しい様式で構成されています。また、一方では第4楽章を「ロシアの主題によるフィナーレ」とし、自身のアイデンティティをしっかりと組み込んでいます。こうした楽曲の成り立ちは、社会人としてまっとうに仕事をしながらも、自分自身のアイデンティティを大事にできる環境を摑《つか》みに行くという、積極的転職のイメージをしっかりと支えているともいえます。

このＣＭの成功は、ＢＧＭにクラシック音楽を選んだことによって、それを作った作曲家と世界の歴史の中身も含めることになるという好例です。

## ぶよぶよとした何かをやっつけて

クラシックの使い方が斬新すぎるのは、ゴキブリ退治の薬剤バルサンの２０２３年のＣＭです。引越しをしてきて荷物を出す前に、バルサンを焚いて害虫退治をしようという内容ですが、そこにエリック・サティ（１８６６〜１９２５）作曲の**「ジムノペディ」第1番**が使われています。不思議でおしゃれな雰囲気を持つピアノの楽曲です。

この曲を作ったエリック・サティは１８６６年にフランスで生まれました。小さな

サティ作曲
「ジムノペディ」第1番

時から教会で奏でられるオルガンを聴くのが大好きだったようです。音楽家を目指してパリ音楽院に入学するも、教授から「才能ないから止めたら」と言われて退学してしまうという、かわいそうな青年でした。自分でも『学校は退屈』と言っていたとも。どうも学校というシステムに馴染めない人物だったようです。やっぱりというか当然というか、先生や友人たちから変わり者と言われていました。

ただ、音楽への興味関心は尽きず、退学したのちも当時のパリで文化人らが集っていたカフェ・シャ・ノワール（黒猫）に出入りするようになります。このカフェは小さなコンサートホールとしても機能していて、ピアノが置いてありました。ここでサティはピアノの演奏で生活費を得るようになります。この頃に作られたのが「ジムノペディ」第1番です。

サティは自分の音楽が目指すところを「**家具の音楽**」というタイトルに込めていました。つまりお行儀よく座って音楽を拝聴するという仰々しい鑑賞方法ではなく、そこに家具のように〝在る〟〝ただそこに流れている〟ことを目指したといいます。こうした哲学的な思いで音楽を作るようになった一方で、サティは奇妙なタイトルの楽曲も数多く残しています。代表的なものとしては「**梨《なし》の形をした3つの小品**」「**ひか**

サティ作曲
「家具の音楽」

サティ作曲
「梨の形をした3つの小品」

**らびた胎児」「犬のためのぶよぶよとした前奏曲」**など、題だけでもインパクトのあるものばかりです。フランス語で指す梨というのも美味しい果実という意味だけでなく、まぬけ、ばかといった内容も含まれていて、サティの異端児ぶりが垣間見えます。

「ジムノペディ」第1番もご多分に漏れず、タイトルに怪しげな意味を持っています。ジムノペディという言葉は、若い男性たちが衣服を着ずに踊り狂って競い合うという、古代スパルタの祭りに由来しているとされています。さらには、このタイトルの後には、「ゆっくりと苦しみをもって（Lent et douloureux）」という演奏上の指示が書かれているのです。じっくり、ゆったりとしたテンポで弾き、裸で踊り合う男たちのように競い合うことに加えて、じわじわと苦しみも加味していく楽曲……而《しこう》してバルサンはかくもゆっくりと、じっくりと、そして確実にゴキブリに効いてくるのです。苦しみをもって……なんと恐ろしい選曲ではありませんか。

サティ作曲
「ひからびた胎児」

サティ作曲
「犬のためのぶよぶよとした前奏曲」

# のだめは古くて新しい

これまではテレビ番組やCMの中にクラシック音楽を取り入れてきた例をご紹介しました。ここからは、クラシック音楽の世界そのものが作品になっているものをご紹介しましょう。

今でも絶大な人気を誇るドラマ『のだめカンタービレ』（二ノ宮知子原作漫画）は、音楽大学や留学先、コンサートホールが舞台となっています。ピアニストを目指すのだめと、指揮者志望の千秋先輩など、魅力的なキャラクターが揃《そろ》い、上野樹里・玉木宏主演による実写ドラマの他、テレビアニメや映画にもなりました。

テーマ曲にはルートヴィヒ・ヴァン・ベートーヴェン作曲の「**交響曲第7番イ長調作品92**」**第1楽章**が選ばれています。プロの演奏家になるために若者が切《せっ》磋《さ》琢《たく》磨《ま》しながらクラシック音楽を学んでいくというストーリーの中で、ベートーヴェンを主題に選ぶことは、よりいっそう物語の正統性を印象付けます。クラシック音楽の歴史の中



ベートーヴェン作曲
「交響曲第7番
イ長調」第1楽章

で、ベートーヴェンは別格といってもよいほど存在感もあり、またオーケストラ奏者にとっては基本中の基本です。ベートーヴェンの9曲残る交響曲の中で、この7番目の交響曲を選んだこともまた、ドラマのクオリティを上げていると考えられます。「交響曲第7番」は、力強く生命感のあるリズムが痛快で、『のだめカンタービレ』という溌剌《はつらつ》とした若き音楽家の成長譚《たん》を支えるに最も適した交響曲といえるでしょう。この曲は初演当時に、ベートーヴェン自身が目指す交響曲の新しいあり方が世に受け入れられています。難聴やままならない生活の苦しみの中で、ようやくひとつの山を越えたベートーヴェンの人生とも重ね合わせることができるでしょう。この楽曲をドラマのメインテーマに据えたディレクターの選曲にはセンスが光ります。

　またこのドラマのエンディングでは、アメリカの作曲家ジョージ・ガーシュウィン（1898〜1937）の「**ラプソディ・イン・ブルー**」が採用されています。ガーシュウィンは、東欧系移民の子どもとしてニューヨークに生まれました。10代初め頃にはピアノを弾くようになり、ポップスやジャズに親しみます。その後、ミュージカルのために楽曲を作るようになり作曲家として成功していきます。そんなガーシュウィン

ガーシュウィン作曲
「ラプソディ・イン・
ブルー」

が初めてオーケストラ作品として取り組んだのが、この「ラプソディ・イン・ブルー」です。

ガーシュウィンはクラシック音楽を勉強してきたわけではなかったので、この曲のオーケストレーション（オーケストラでの演奏用にそれぞれの楽器の音を譜面に起こしていくこと）には、作曲家のファーディ・グローフェの力を借りたといわれています。

クラシック音楽でオーケストラ楽曲の場合は、ポップやジャズに比べて使用する楽器が極端に多いのが特徴です。第1ヴァイオリン、第2ヴァイオリン、ヴィオラ、チェロ、コントラバスの弦楽器、ピッコロ、フルート、クラリネット、オーボエ、ファゴットの木管楽器、トランペット、ホルン、トロンボーン、チューバの金管楽器に加え、ティンパニ、バスドラム、スネアドラム、シンバル、グロッケンシュピールやマリンバなどの打楽器、曲によってはハープや、ピアノ、チェンバロなどの鍵盤楽器も使用します。

また楽器によって出せる音の範囲（音域）が違います。さらにはチューニングの違いや奏法によってできることとできないこと（難しいこと）も存在します。これらすべてを把握した上で、作曲家はオーケストラの譜面を書かなければならないのです。

難しくも新しいことを始めたガーシュウィンのいきいきとした姿がこの楽曲からは感じられます。

ガーシュウィンのそんな楽しさはこの楽曲タイトルからも理解することができます。ラプソディは狂詩曲と訳されます。クラシック音楽の作曲形式に則ったものではなく、自由な発想で構築された楽曲のことを指します。ブルーについては、単に「青い」という意味ではなく、ここではジャズを示す単語です。英語でブルーは悲しみや哀愁を意味します。「ブルーな気持ち」と言うあのブルーです。かつてアメリカ南部のアフリカ系の人たちの歌に悲しみを感じた人々は、それを「ブルース」と呼ぶようになりました。

曲調が人に哀愁を感じさせるのは、その調性によるものが大きいとされています。短調の曲を悲しく感じるというあの心理です。ブルーな気持ちにさせる独特の音階、調性とメロディの進行がジャズを特徴づけているといえます。

こうしてブルーはジャズの世界で大切な単語になりました。有名レーベルでジャズハウスの名前でもあるブルー・ノートや、サックス奏者ジョン・コルトレーンのアルバム『ブルー・トレイン』、トランペット奏者マイルス・デイヴィスの「カインド・オブ・ブルー」など〝ブルー〟と名のつく楽曲やアルバムは、ジャズの王道です。

このジャズの要素を持つ、自由な発想の楽曲という意味で、ガーシュウィンは「ラプソディ・イン・ブルー」と名付けました。西洋の伝統的なクラシックの作曲手法を用いながら、そこにアメリカに根付いた新しい音楽の要素を取り入れる。この楽曲が持つ、その2つの側面をドラマ『のだめカンタービレ』のエンディングで使うことに大きな意味を感じることができるでしょう。

その他、『のだめカンタービレ』では、多くのクラシック音楽が劇中で演奏されます。音楽監修に元NHK交響楽団のオーボエ奏者で指揮者の茂木大輔氏が参加していることから、クラシック音楽の知識と経験が生かされた非常に練られた構成になっています。こうしたクラシック音楽のプロの目が、このドラマのクオリティを上げていることは間違いありません。じっくり音楽鑑賞も楽しめるドラマです。

第4章

# 映画と<br>クラシック音楽

*Es muss von*
*Herzen kommen,*
*was auf Herzen wirken soll.*

—— Johann Wolfgang von Goethe

誰かの心を響かせたいと思うのなら、
心から出てくるものでなければならない。

——ヨハン・ヴォルフガング・フォン・ゲーテ（詩人、小説家、劇作家・1749-1832）

## 宇宙の旅と音楽ビジネス



1893年、アメリカのトーマス・エジソンが自動映像販売機（映写機）キネトスコープを公開したことを始まりとして、映像のみ、無音声のサイレント映画が発達します。1920年代には映像と音声が同期したトーキー映画が台頭し、徐々に商業化していきます。

しかし映画に初めて音楽が用いられたのは、トーキー以前です。無音声の映画を上映しながら、同時に生演奏を聴かせるという上演形態ができていました。ピアノソロや小編成の室内楽だけでなく、予算と場所に余裕のある場合はオーケストラによる演奏で映画を彩ったこともありました。

そうした〝映画のための音楽〟の世界で初めての楽曲は、1908年クラシック音楽の大作曲家フランスのカミーユ・サン＝サーンス（1835〜1921）によるものです。その他、1924年にはフランスのエリック・サティ（1866〜1925）が、

1929年にはロシアの作曲家ドミートリイ・ショスタコーヴィチ（1906〜75）が作曲するなど、映画の発達にクラシック音楽作曲家が重要な役割を担いました。

現在でも映画のために新しい音楽を作るだけでなく、既存のクラシック音楽を映画の挿入曲として数多く使用しています。テレビ番組やCMと同様、クラシック音楽が持つ印象的なメロディがその作品を彩る役目を果たしています。またそれだけにとどまらず、その楽曲が持つ歴史や作曲家の人生が、映画そのものにさらに深く意味を持たせる効果を発揮していることも多いのです。こうしたクラシック音楽をより深く知ることによって、映画監督が意図したものが明確化し、さらに理解が深まるでしょう。

そのような映画とクラシック音楽の関係性として重要なものに、『2001年宇宙の旅』が思い浮かぶ方も多いのではないでしょうか。映画『2001年宇宙の旅』は、スタンリー・キューブリック監督が1968年に発表したSF映画です。脚本はキューブリック監督と、元となった短編小説『The Sentinel』（邦訳版タイトル『前哨《ぜんしょう》』）を書いたアーサー・C・クラークが担当しました。

本作冒頭では月と地球、太陽が直列し、月の向こうから太陽が昇ってくるという明確でインパクトのある構図から始まります。このメインタイトルの音楽として採用されたのが、リヒャルト・シュトラウス（1864〜1949）が1896年に作曲した**交響詩「ツァラトゥストラはかく語りき 作品30」**の冒頭部分です。トランペットによる印象的な旋律を、力強いティンパニのリズムが支えています。また、映画の重要なシーンである〝猿が骨を道具、そして武器として扱いはじめる〟ことに目覚める場面でも、この曲が使われます。

リヒャルト・シュトラウスは、1864年にドイツに生まれました。ホルン奏者であった父のもと、幼少期から音楽教育を徹底され、早い時期から作曲を行っています。「ツァラトゥストラはかく語りき」以外にも**「ドン・ファン 作品20」**などの優れた交響詩、「アルプス交響曲 作品64」などの交響曲も作りました。またオペラの指揮も行うかたわら、自らもオペラ制作に挑むようになります。リヒャルト・シュトラウスの代表的なオペラ《サロメ》や《薔薇《ばら》の騎士》などは現在でも上演回数の多い優れた作品です。

第二次世界大戦後は、ナチスドイツに協力したかどうかで裁判にかけられる（のち

R.シュトラウス作曲
交響詩「ツァラトゥストラはかく語りき」

R.シュトラウス作曲
交響詩
「ドン・ファン」

に無罪）など苦しい時代を過ごしましたが、彼の作品を演奏したいという希望は各国から止むことはありませんでした。１９４９年に亡くなるまで、美しい楽曲、力強い作品を数多く残しています。

　プライベートでは、ソプラノ歌手のパウリーネ・デ・アーナと結婚し、２人の子どもをもうけました。リヒャルトは偉大な作曲家で指揮者であると同時に、大変な恐妻家としても有名です。作曲家マーラーがシュトラウス家を訪ねた際のパウリーネの夫に対する暴言の数々を記した手紙も伝わっているなど、妻パウリーネのヒステリックな言動と逸話が多く語り継がれています。さらにリヒャルトは、こうした妻との家庭のあれこれ、子どもたちとの生活や妻との喧嘩やヒステリックな言動を元に、壮大なドメスティック交響曲といえる「**家庭交響曲 作品53**」も作っています。

　そんなリヒャルト・シュトラウスが作曲した「ツァラトゥストラはかく語りき」を映画に挿入する際、キューブリック監督は１９５９年に録音されたヘルベルト・フォン・カラヤン指揮、ウィーン・フィルハーモニー管弦楽団の音源を使用することを希望しました。当時入手可能だったこの曲のさまざまなオーケストラの音源を聴き比べ



R.シュトラウス作曲
「家庭交響曲」

て、キューブリック本人が決めたというのです。

ところが、この音源の権利を持つレーベル・デッカはこのオファーに難色を示し、最終的には「デッカ／カラヤン／ウィーン・フィル」という名前を伏せることという条件をつけて了承したのです。映画のエンドロールのクレジットでも、作曲家リヒャルト・シュトラウスの名と楽曲名のみが表記されています。

この理由として当時のデッカは、映画がどのような作品になるか、また世間の評価がどうなるかわからない新作に、多額の資金を出して録音したいわばレーベルの資産である原盤を使いたくない、リスクを負いたくないという、ある種の事なかれ主義的な意見が原因だったといわれています。

大指揮者カラヤンは別の大手レーベルＥＭＩとの長きにわたる関係を解消して１９５９年にデッカに移籍したばかりでした。その移籍第１弾としてカラヤン本人が録音を希望したのが、この、ウィーン・フィルとの「ツァラトゥストラはかく語りき」だったのです。第二次世界大戦後の音楽業界で、ドイツ人のカラヤンがデッカというアメリカ市場に強いレーベルとの提携が叶うこと、ウィーン・フィルという世界最高峰の楽団とセッション録音ができることなどのメリットを計算した、強《したた》かな音楽家であるカラヤンのビジネスセンスをも垣間見ることができます。

こうして、カラヤンがアメリカでの認知度をアップできたことが映画音楽としてのオファーに繋《つな》がるのですが、映画というさらに認知度を上げられそうなことにデッカのプロデューサーが二の足を踏んだというのは皮肉なことです。ただ、デッカの懸案をよそに、映画は大ヒットし、別のレーベルが発売したサウンドトラックアルバムが巨額の売り上げを叩き出しました。そのサウンドトラックには映画で使われていたカラヤン音源はもちろん収録できず、カール・ベーム指揮、ベルリンフィルの演奏の音源でリリースされることになります。デッカの腰が引けた態度が、その後の利益を大きく左右したのです。

現在では、音楽権利ビジネス、原盤のロイヤリティ交渉は、こうした過去の事例から学ばれ、映画音楽での使用について肯定的に捉えられることも多くなり、ケースバイケースで使用料交渉がされています。

「ツァラトゥストラはかく語りき」はもともと、リヒャルト・シュトラウスがドイツの哲学者フリードリヒ・ニーチェの同名著作から影響を受けて作曲したものです。ツアラトゥストラとはゾロアスター教の開祖を指す言葉ですが、ニーチェはそれに限定していません。主人公であるツァラトゥストラを中心とした物語という構造で話が進んでいきます。

リヒャルト・シュトラウスはこの物語のうちの印象的な部分から作曲したといわれています。そのうち、映画に使われた箇所はドイツ語で"Sonnenaufgang"（日の出）と表記されている部分です。このタイトルだけでも、映画のビジュアルにぴったりと合致しているのだとわかります。

猿が道具を使う時代から、宇宙旅行に行くまで人類が進化する過程を描いた映画『２００１年宇宙の旅』について、監督のキューブリックは「神を定義することがこの映画を作った目的である」とかつてインタビューで語っています。神についての考察物語をニーチェが興し、リヒャルト・シュトラウスの曲が色付けをして世界観を構築し、キューブリックがさらに進化させたともいえます。冒頭曲からもこうした映画の根本をなす考え方が垣間見えるでしょう。映画音楽がいかにその映画を深く意味づけられるかがわかる好例です。

シュトラウス2世作曲
「美しく青きドナウ」

他にも『2001年宇宙の旅』に使われているクラシック音楽は、ワルツ王ヨハン・シュトラウス2世（1825〜99）作曲「**美しく青きドナウ 作品314**」や、アラム・ハチャトゥリアン（1903〜78）作曲の**バレエ《ガヤネー（ガイーヌ）》の「アダージョ**」に加え、ジェルジ・リゲティ（1923〜2006）作曲の管弦楽曲「**アトモスフェール**」や「レクイエム」などが採用されました。リゲティは当時、新進気鋭の前衛音楽家で、新しい音を新しい実験的手法で作曲する独自の音楽スタイルで活動していました。特に「アトモスフェール」は膨大な音声を積み重ねて、個々の音の個性を無効化して音の塊にするという、まったく新しい響きを完成させた楽曲です。こうした目新しさがキューブリックの興味を惹いて、映画に挿入されました。この映画でリゲティは一躍有名になり、現在では現代音楽の巨匠のひとりとなっています。

新しい価値観で映画を作る監督キューブリックが、クラシック音楽を多用し、一方では現代音楽をも融合させるなど、映画というひとつの世界観の中で同時に存在する音楽史を辿《たど》ることもできるという、偉大な映画が『2001年宇宙の旅』といえるでしょう。

ハチャトゥリアン作曲
バレエ《ガヤネー（ガイーヌ）》より「アダージョ」

リゲティ作曲
「アトモスフェール」

# 兵士が自ら再生するワルキューレ

映画とクラシック音楽の例で忘れてはならないのが、フランシス・コッポラ監督『地獄の黙示録』（1979）でしょう。舞台はベトナム戦争時、脱走した米軍大佐と、その抹殺指令を受けた大尉の間で起こる戦争体験と狂気へのプロセスを描いた作品です。

作品に対しては賛否両論とその考察合戦が熱く繰り広げられた話題作となりました。1979年のカンヌ国際映画祭では最高賞であるパルム・ドールを獲得し、アカデミー賞では作品賞を含む8部門でノミネートされ、撮影賞と音響賞で受賞、また、ゴールデングローブ賞監督賞と助演男優賞、英国アカデミー賞監督賞と助演男優賞など多数を受賞し、賞レースにおいても高く評価された映画です。

本作でリヒャルト・ワーグナー（1813～83）の**楽劇**《**ニーベルングの指輪**》の中から「**ワルキューレの騎行**」が大変印象的な使われ方をしています。

ワーグナー作曲
楽劇《ニーベルングの指輪》より「ワルキューレの騎行」

海の向こうからアメリカ軍のヘリコプターの編隊が陸地に向かって飛行しているシーン。そのヘリコプターの中でひとりの兵士がオープンリールの再生スイッチを入れ、「ワルキューレの騎行」を爆音で流しはじめます。金管楽器で奏でられる雄々しく勢いある旋律とオーケストラが支える重厚なサウンドと、ヘリコプターのエンジン音とプロペラが回る大きな音が重なって、兵士たちの戦意を高揚させ、襲撃への狂気を高めていきます。さらにいえば、この音楽が映画のBGMとして挿入されているのではなく、登場人物が自ら選んで〝曲をその場で使う〟ことにも大きな意味のあるシーンです。

ナパーム弾を浴びる地上のベトナム兵や市民たちにもまた、低空飛行しているヘリコプターの中から、「ワルキューレの騎行」が聴こえます。生死を分けるこの恐ろしい瞬間に敵から聴かされる雄々しい音楽が重なっていく。どれほど恐怖を煽られるでしょう。

戦争の悲劇的な瞬間の様子がこうして音楽と共に描き出されます。楽曲の雰囲気はもちろんこのシーンに合っています。しかしそれだけでなく、ワーグナーのこの楽曲を、この戦闘シーンで選ぶ意味について、音楽のことだけでなく世界の歴史をひもとき、理解する必要があるのです。

リヒャルト・ワーグナーは、19世紀のドイツを代表する作曲家です。音楽に親しむ家庭環境であったため、ワーグナー自身も10代の頃から作曲家を目指すようになったといいます。１８３３年にヴュルツブルク市立歌劇場の合唱指揮者となって以降、ドイツ各地で指揮者として活動しながら、作曲を続けます。同時にワーグナーには文才もあり、新聞に論文を発表するなど、理論家の文化人としても活躍するようになります。ただ、生活は安定しておらず経済的には苦しい時代を過ごしました。

１８４９年には、ドレスデンで起こったドイツ三月革命に参加したことで逮捕状が出て、ワーグナーはスイスへ亡命します。この時にワーグナーに理解を示して力を貸したのが、作曲家でピアニストのフランツ・リストでした。リストの口添えによってスイスの上流社会にも認められるようになり、ワーグナーは亡命先スイスで多くの優れた作品も生み出しています。この頃から神話に興味を深く示し、また芸術のあり方などを深く考察するようになります。そうして楽劇と呼ばれる、オペラを大規模化した芸術を生み出しました。それまでのオペラよりもさらに大編成となったオーケストラによる演奏で、音楽を重厚化させました。

ワーグナーは自分自身の作品を上演する専用の劇場で自らの楽劇が自分の理想のとおりの演出で行えるように、バイエルン王ルートヴィヒ2世からの資金援助を受け、1876年にバイロイト祝祭劇場を完成させました。どれほど、ワーグナーの芸術が当時の社会に影響を及ぼしていたかがわかります。

ワーグナーの楽劇の中でも壮大な《ニーベルングの指輪》は、序夜《ラインの黄金》、第1夜《ワルキューレ》、第2夜《ジークフリート》、第3夜《神々の黄昏《たそがれ》》の4部から構成される壮大な楽劇で、バイロイト祝祭劇場で4日間15時間をかけて上演される壮大な作品です。

ワルキューレとは、北欧神話に登場する半神で、戦死者を選ぶ者という意味があります。馬にまたがり槍《やり》と楯《たて》を持って空を駆け巡るワルキューレたちが、戦死した兵士の魂を岩山へ連れ帰る場面の前奏曲として流れるのがこの「ワルキューレの騎行」です。楽曲そのものが、戦争と戦死者たちのイメージに繋がっているのです。

# ワーグナーと政治

ワーグナーの芸術はワーグナーの存命当時から一国の王を熱狂させるほど魅力的であり、影響力も大きくありました。ルートヴィヒ2世だけでなく、当時のドイツやスイスの上流階級、貴族がこぞって支援をするなど、広くその名を知られている作曲家でもありました。

一方で、ワーグナーを熱狂的に好む政治家がその政治的な側面にワーグナー作品を使用したこともあります。その最も大きな側面として、ナチス・ドイツを率いたアドルフ・ヒトラーがワーグナーを大変好み、そして利用したことが挙げられます。ヒトラーはワーグナー作品が上演されるバイロイト音楽祭にも頻繁に足を運んでいました。

ナチスがドイツを支配していた20世紀前半、ヒトラーはドイツ人の伝統を国民に意識させるため、ユダヤ人などの作品を厳しく取り締まります。そして反対にバッハやベートーヴェンなど古典的なドイツの作品を推奨します。その中にはもちろんワーグナーの作品も含まれていました。さらにヒトラーは国民に対してワーグナー作品のセリフを引用して演説をすることも度々ありました。またナチス・ドイツのプロパガンダ映画でもワーグナー音楽を使用しています。

ワーグナーの音楽は力強く説得力があります。音楽だけでも人を惹きつける強い魅力があり、知らず知らずのうちにその内容に引き込まれていくという中毒性を持っています。それをヒトラーが利用したのです。またワーグナー自身も、ユダヤ人による文化への悪影響を危惧した内容の手紙を書いていたように、反ユダヤ主義と捉えられる側面も持っていたこともわかっています。

こうした経緯から、現在でもイスラエルではワーグナー作品に対する市民感情は当然解決できるものではなく、作品の上演や放送を自粛しています。2001年7月に指揮者ダニエル・バレンボイムがベルリン国立歌劇場管弦楽団を擁したエルサレムでのコンサートで、アンコールの際にワーグナーのオペラ《トリスタンとイゾルテ》の一部の演奏を強行しました。この際エルサレム市長やマスコミ、市民らから大きく非難を受けています。バレンボイムはアルゼンチン出身(現在の国籍はイスラエル)のユダヤ人で、ある意味身内の音楽家といえます。それでも、ナチス政権時代の悲劇をかたわらにおいて、ワーグナーの音楽を芸術としてだけ切り離して捉え、演奏できる時代には達していないことを示しています。

それから、2022年に始まったロシアのウクライナに対する武力行使以降に台頭していた民間軍事会社の名前ワグネルはワーグナーに由来を持つのではといわれています。いまだにこの偉大な作曲家の名前には、政治的また軍事的な負の側面が付き纏《まと》っています。

こうした背景を持つワーグナーとその楽曲の歴史から、コッポラ監督が戦闘への士気を保つ場面で「ワルキューレの騎行」を採用したことは、決して〝音楽的な側面だけ〟でなかったことが理解できるでしょう。映画の中で使われているクラシック音楽として1、2を争う知名度があるこの楽曲は、負の歴史と深い傷を持って生きる人々がまだなお、現在も生きているということを改めて知らしめているのです。

さてこの映画で使われた音源ですが、前項の『2001年宇宙の旅』ではクレジットをはずされていたウィーン・フィルハーモニー管弦楽団の名前がしっかりと明記されて使用されています。指揮者はサー・ゲオルグ・ショルティ、ナイトの爵位を持つ人気と実力を兼ね備えた指揮者との演奏です。ウィーン・フィルが演奏する弦楽器の独特な高音艶やかなサウンドと、ウィンナーホルンの芳醇《ほうじゅん》な音、トランペットの壮大なメロディがこの楽曲を最大限に魅力的に仕上げています。

一方、本作ではクラシックや既存のロック以外のオリジナル楽曲の制作について、当時シンセサイザー音楽で台頭していた日本人作曲家、冨田勲《いさお》を起用することがコッポラ監督の願いでした。しかしながら、冨田勲が所属していたレコードレーベルと映画会社や配給元などとの契約が進まず、頓挫《とんざ》してしまったという経緯があります。もしこの交渉がうまく運んで、冨田勲が採用されていれば、日本の映画音楽の歴史がまた大きく変わったことでしょう。音楽の歴史にはこうしたビジネス上の〝大人の事情〟も含まれているものなのです。

## 普遍的な美と汎用性

ベトナム戦争を描いた映画に使われたクラシック音楽としては、『プラトーン』(1

986）も忘れてはならない作品でしょう。当初北米6箇所のみで公開がスタートした映画だったのですが、観客からの評価が鰻《うなぎ》登りとなり、全米で公開され大ヒットとなった作品です。アカデミー賞で作品賞、監督賞など主要4部門を受賞し、この作品でオリバー・ストーン監督の名は世界中に知られるようになりました。

当時ロサンゼルス・タイムズが「この作品と比べると、過去の戦争映画はその最高傑作でさえ、遠くからクレーン・ショットでこわごわと撮った作品に見えてくる」と称したように、リアリティを追求したシーンと緊迫したカメラワークには恐怖さえ覚えます。

それもそのはず、監督オリバー・ストーン自身が1967年から1年5か月もの間、ベトナム戦争で兵士として参加した経験があるからです。『プラトーン』はフィクションですが、そのエピソードのほとんどが監督自身の戦場での体験に基づいているというのです。

映画の中で主人公の兵士は、名門大学に通う学生でありながらベトナム戦争に志願します。ストーン監督の経歴と同様の設定です。貧しい家庭や少数民族など虐げられているアメリカ市民から徴兵されているという現実に反抗し、自分の意思で戦争に参加しています。徴兵直後に、いきなり最前線のプラトーン隊に配属されます。ここで主人公は過酷な戦争の現実を知るのです。

戦争の名のもとでの大量殺人、その中で失われ壊れていく人間性、そして死の恐怖が常に襲ってきます。同じ部隊であっても、互いに信頼できず疑心暗鬼の中で戦争が続いていきます。やがて兵士たちは抑止が効かなくなりベトナムの兵士以外をも虐殺し、あらゆる暴挙を行ってしまいます。主人公たちの部隊も次々に死傷し戦争は激化していくというストーリーです。

この映画の重要なシーンのひとつに、ベトナムの村を主人公たちの部隊が襲い村人たちを集めて暴虐の限りをつくす、目を覆いたくなる場面があります。村人はアメリカ兵たちの英語は理解できません。結果兵士たちは、何を言っているのかわからない苛立ちを相手を殴る蹴るという暴力で解消しようとします。アメリカ兵はベトナムの村人を人間扱いしていません。

一方で、善意や人間らしさが残る兵士たちの存在も描かれ、部隊内の対立として明確に表現します。こうした一方的な残虐シーンと共に、戦地にいる者のリアルもまた、ストーン監督はアメリカ側の視点で臆することなく表現しました。

殺人という行為に慣れてしまった兵士は、このシーンの最後で、まるで当たり前の行為であるかのように村を焼き払います。ここで使われたのが、サミュエル・バーバー（1910〜81）作曲の「**弦楽のためのアダージョ 変ロ短調作品11**」です。悲惨な場面で、この美しい弦楽器のメロディが添えられているのです。

またオープニングのクレジットでも、さらには、撃たれた先輩兵士が両手を高々と上げて倒れる印象的なシーンでも、そして物語の終盤、大規模な接近戦の後にも、この楽曲が冒頭から流れはじめます。『プラトーン』全編をとおして、この「弦楽のためのアダージョ」の美しく悲しい旋律が、厳しい現実に寄り添う楽曲として使用されています。

バーバーはアメリカ・ペンシルベニア州に生まれました。親類にオペラ歌手や作曲家のいる環境で、ピアノが好きな少年でした。アメリカで作曲を学んだのちイタリアへ留学しています。当時流行していた前衛的な作曲ではなく伝統的なクラシック音楽の手法で作曲することを好んだバーバーは、豊かなオーケストレーションと印象的な

バーバー作曲
「弦楽のためのアダージョ 変ロ短調」

メロディを持つ楽曲を数多く残しました。

その中でも特に有名になったのが、この「弦楽のためのアダージョ」です。啜《すす》り泣くように静かに物悲しく始まり、中間部では慟哭《どうこく》しているように引っ張り上げる苦しみさえ感じられる感傷的な趣きのある楽曲です。『プラトーン』ではさらに、主人公がジャングルを行軍しながら、現状の悲惨さを両親に心の中の手紙としてモノローグで語るシーンにも登場します。この美しく哀しい旋律が『プラトーン』の各シーンに出てくるだけで、過酷な現実と対比してよりいっそう映像に深みを持たせています。

1963年ジョン・F・ケネディの葬儀で、この「管弦楽のためのアダージョ」が使われました。暴力によって突然大統領を失ったというアメリカ全土のショックと、その死を悼む場面でこの曲はしっかりと悲しみにくれる人たちに寄り添いました。その葬儀の様子がアメリカだけでなく世界中に広まった結果、この曲は葬儀や慰霊の際の定番曲となったのです。日本でも、NHK交響楽団によって昭和天皇追悼演奏会で演奏されました。

バーバー本人は、こうした葬儀や哀悼の祭事での使用は意図していないと不満を述べたとも伝わっていますが、楽曲が持つ美しさや心を動かす力が、作曲家本人の意思を超えて成立したといえるでしょう。芸術の分野では時に、制作物が持つ影響力や普遍的な美、そしてその汎用《はんよう》性が、作者の想いを超え、時代を超えて大切にされることがあります。映画『プラトーン』もまたバーバーの楽曲に倣って、アメリカ人監督がアメリカ兵であった経験から生み出した戦争映画である以上に、戦争の悲惨さや人間の愚かさを普遍的に伝えるものになっていくといえるのではないでしょうか。

## 生と死と、そして愛の楽章

映画によって、クラシック音楽愛好家以外にも一躍有名となった楽曲があります。それは『ベニスに死す』（1971）に使われた、グスタフ・マーラー（1860〜1911）作曲の「**交響曲第5番嬰《えい》ハ短調**」**第4楽章**「**アダージェット**」です。日本では通称〝愛の楽章〟とも呼ばれる甘く切なく、美しい楽曲です。

『ベニスに死す』は映画監督ルキーノ・ヴィスコンティの代表作で、ノーベル賞作家

マーラー作曲
「交響曲第5番嬰ハ短調」第4楽章
「アダージェット」

トーマス・マンの同名小説を原作にしています。作曲家マーラーがモデルの老作曲家が、美少年に心酔していくさまを描いた作品です。

静養を兼ねた夏のバカンスでイタリアのベネツィアを訪れた主人公は、同じようにそこを訪れていた少年に心惹かれます。彼と何かにつけて接点を持とうとし、姿を探して目で追い、話しかけようとする老作曲家の様子は、初々しい恋の始まりのようです。しかしその恋の対象は少年、いやまだ子どもといっていい14歳の男の子なのです。

これについては公開当時から賛否両論が上がり、映画としての出来を評価する一方で、不快な関係だという意見が散見されたことも事実です。ただ、物語の内容だけについていえば、主人公の老作曲家が少年に関係を迫ったり、暴行を働いたりしたわけではないことに言及しておかなければなりません。もしそうでなかったら、現在の価値観、また当然子どもの権利を守る視点から公開できない映画になっていたことでしょう。また一方では、愛の形や性的指向にも自由と権利があり、同性を愛することになんら間違いがないことは現代では認められるべきことでもあります。

こうした視点からも、評価に値する作品です。主人公はあくまで、心の中で少年に恋をしてしまったという内容だけから、改めてこの映画を考えてみましょう。

マーラーの〝愛の楽章〟を持ってきたヴィスコンティ監督の意図はどこにあったでしょうか。

作曲家グスタフ・マーラーはこの楽章を自分の恋人アルマに贈っています。作曲家として、また指揮者、ウィーン宮廷歌劇場の総監督として、クラシック音楽界の頂点に君臨する40歳を越えたマーラーは、ある日社交界の花であった20歳を過ぎたばかりの美しいアルマの虜になります。出会ってすぐ、熱く思いを伝えてくるマーラーをアルマも受け入れます。マーラーはその時制作中だった交響曲第5番に、アルマのために作ったこのアダージェットを組み込んだのです。

通常、交響曲は4楽章で構成されることが多いのですが、この5番だけは1楽章多く、5楽章構成になっています。アルマと出会って激しい恋が芽生え、その想いによって作りかけていた交響曲に楽章を増やしたのです。愛の楽章と呼ばれるゆえんはここにあります。

弦楽器で始まる甘く切ないメロディ、その中に少しだけ混ざっている不安や不安定さが、曲が進むにつれて安定し、さらに美しさを増していくように練られています。

弦楽器のメロディに寄り添うように奏でられるハープも、主音を抜いた不安定な和音を分散して弾き、不安の要素をさらに盛り立てます。恋の始まり、愛が通じているかどうかの自信のなさが、曲の始まりに表されているのです。終盤にはこの切なさがさらに増大され、美しさの中に少しの力強さが加わって相愛の雰囲気が読み取れ、至高の美をみることができます。

交響曲第5番全体は、この第4楽章の耽美さとはまったく異なる印象を持った交響曲です。第1楽章は葬送行進曲風の楽章、続く第2楽章は古典的な手法で作られた激烈な表情を持った楽曲になっています。そして最終第5楽章では、それまでの内向きの様相をすべて集約し、外に向けて問うように華々しく壮大な曲調です。

第1楽章の冒頭は、葬送行進曲ではありますが、メンデルスゾーン作曲の「結婚行進曲」に酷似しています（196ページ参照）。この交響曲の中でマーラーは死と生に向き合い、そして愛を加えて、人生と芸術、生とは何か、死とは何か、そして美とは何かを自身に問うているともいえます。それは、『ベニスに死す』の老作曲家の、最期の一夏と同じです。

美しい少年の中に生と美を見いだし、己の生み出す楽曲の中に芸術性がどこにあるのかを問い続け、そして美しい少年を「好きになれた」自分を抱えて死んでいく。愛と死をテーマにしたこの映画にマーラーの「アダージェット」が使われることは、まさに必然だったといえるでしょう。

## ゴジラとクラシック音楽

クラシック音楽と日本の映画の関係を考える際、忘れてはならない作曲家がいます。映画『ゴジラ』の音楽を手がけた伊福部昭《いふくべあきら》（1914〜2006）です。「でで　でん　でで　でん　でででで　でででで　でん」という「ゴジラのテーマ」の変拍子と力強さのあるこのメインテーマはゴジラ映画を見たことがなくても一度は聴いたことがあるのではないでしょうか。この音楽が頭の中で鳴るだけで、ゴジラの雄叫《おたけ》びが思い出せるという印象的で秀逸なメロディです。このテーマは初代ゴジラ映画（1954）から使用され、ゴジラシリーズ第29作目となる2016年の『シン・

ゴジラ』（庵野《あんの》秀明脚本・総監督、樋口真嗣《ひぐちしんじ》監督）にも、１９５４年のモノラル音源が採用されました。

実はこのテーマは、作曲家伊福部昭がフランスの作曲家モーリス・ラヴェルの「**ピアノ協奏曲ト長調**」（１９３１）の第3楽章に登場する変拍子の部分から着想を得て、楽曲に組み入れたのです。ラヴェルのこの曲を聴けば、すぐにどこにゴジラが潜んでいるかわかります。伊福部はこの「ゴジラのテーマ」作曲より以前、１９４４年に「管弦楽の為めの音詩 寒帯林」第3楽章「山神酒祭楽」を作曲した際にも、この「ゴジラのテーマ」に近い旋律を組み込んでいます。つまりゴジラは、ラヴェルの音楽から2度目の使い回しということになります。

これを盗作と思うか、パロディとするか、またはオマージュと言うかについては見解が分かれるでしょう。著作権への意識が今ほど徹底されていなかった時代には、こうしたメロディの使い回しや着想という手法がままありました。ラヴェル自身もこの「ピアノ協奏曲ト長調」を作る際に、「モーツァルトやサン＝サーンスと同じような美意識を持って作曲した」と語っており、それはあくまで目標、着想であったとしても、この楽曲の成立にすでにのちのゴジラへの道筋があったのかもしれません。



ラヴェル作曲
「ピアノ協奏曲ト長調」

伊福部はゴジラをはじめとする映画音楽を数多く残しているため、商業作曲家のイメージが強い印象があります。しかし実は、日本のクラシック音楽の発展に大きな功績を残し、貢献した作曲家でもあるのです。伊福部の著書『管弦楽法』はクラシック音楽を学ぶ者たちから、「聖書」という単語を用いて語られるほど存在感の大きな書物です。上下2巻による分厚いこの本は、管楽器、弦楽器の作りや音色効果をはじめ、楽器がなす音響効果や心理的効果についても言及されていて、演奏活動においての実践的なアドヴァイスまでを網羅しています。

クラシック音楽、つまり西洋の楽器で西洋の楽典にのっとって生み出される音楽に関して、日本人である伊福部があの時代に日本語でこの『管弦楽法』を書いた功績は計り知れません。このような書物を書けるほど膨大な作曲知識と理論を持った伊福部がいなければ、その後の日本の音楽界はまったく違っていたかもしれません。

ゴジラのテーマを聴いて日本の音楽史に思いを馳せてみてはいかがでしょうか。

# 村上春樹とクラシック

村上春樹はクラシック音楽に造詣の深い作家のひとりです。小説の中にクラシック音楽が登場するだけでなく、指揮者小澤征爾《おざわせいじ》と対等に音楽議論を行って対談集を発表もしています。そんな村上春樹作品の映像化にはやはりクラシック音楽を効果的なBGMとして使用しているものがあります。短編集『女のいない男たち』の中から『ドライブ・マイ・カー』『シェエラザード』『木野』の3編を元に構成した、濱口竜介《はまぐちりゅうすけ》監督作品『ドライブ・マイ・カー』（2021）です。

本作は2021年カンヌ国際映画祭において日本映画史上初となる脚本賞を、加えて3つの独立賞も受賞し計4冠に輝きました。さらに第94回アカデミー賞では作品賞・脚本賞を含む4部門にノミネートもされ、国際長編映画賞を受賞しました。劇中では村上春樹作品だけでなく、チェーホフの『ワーニャおじさん』を劇中劇として、セリフを映画のストーリーに盛り込んで絡ませていくという、練られた脚本が高く評価されました。

その他多くの映画賞を世界中で獲得し、日本だけでなく海外でも高く評価され上映が続いたヒット作です。近年の日本映画界を大きく沸かせた一作となりました。この中に、実はクラシック音楽が効果的に使用されています。


主人公である俳優の家福《かふく》は、脚本家の妻が不倫を繰り返していることに気づいていながらも、言及することなく波風を立てずに生活を続けています。しかしある時、予定外に早く帰宅すると、リビングルームで妻と若手俳優の不倫現場に遭遇してしまいます。その様子を覗き見たにもかかわらず、家福はふたりに気づかれないよう、そっとドアを閉じ家を出るのです。

これまで日々繰り返してきた穏やかな日常をそのままにするため、家福は問題に気づかないふりをすることにしたのですが、この日の出来事をきっかけに、実は物語が大きく展開していくことになります。

この妻の不倫シーンでは、リビングのオーディオ機器から大きな音でモーツァルト作曲「**ロンド ニ長調K.485**」がかけられています。モーツァルトがあの名オペラ



モーツァルト作曲
「ロンド ニ長調」

《フィガロの結婚》（202ページ参照）を作っていた頃の、1786年に作曲した楽曲です。この軽快で愛らしいメロディがピアノで奏でられている録音を、家福の妻がリビングで流していました。

ロンドとは、男女が輪になって歌いながらぐるぐると回るダンスのことを示します。音楽用語としては、主題（テーマ・メインのメロディ）が何度も繰り返されて使われる楽曲のことを示します。ただ、この映画で使われている「ロンド ニ長調」は一般的な〝ロンド〟にはそぐわない内容なのです。同じ主題を繰り返して使うのではなく、転調を重ねて、さらには別のメロディに展開される楽曲です。

ロンドと名付けられてはいても、本質はかなり違っています。繰り返すのではなく展開する。この曲が持つ意味は、映画の中の家福と妻の関係性の変化をそのまま表しているのです。

本作には、もう1曲クラシック音楽が重要なシーンで登場します。それは、家福と妻がある朝にリビングで一緒にコーヒーを飲んでいる場面です。この時、リビングのオーディオ機器ではベートーヴェン作曲「**弦楽四重奏第3番 ニ長調**」がアナログレコ



ベートーヴェン作曲
「弦楽四重奏第3番
ニ長調」

ードで再生されています。このレコードに傷があり、同じ箇所が何度も何度も繰り返して再生されてしまいます。これを聞いた妻は針を上げ、音楽を止めてしまいます。そして家福に「今夜少し話がある」と告げるのです。

モーツァルトのロンドは、曲名こそロンドですが、内容は同じものを繰り返すのではなく展開していく楽曲でした。そしてベートーヴェンの弦楽四重奏では、レコードの破損によって繰り返しを表現し、そして妻がその繰り返しを止めて次の展開を示しています。家福の日常は繰り返しを阻まれ、妻によって次を迎えるという恣意的な展開を、クラシック音楽のレコードをツールにして示すことに成功しています。

そしてこの音楽が象徴したように、その夜家福の妻は急死してしまいます。不倫を目撃していてさえ、事を荒立てずに日常を繰り返したかった家福でしたが、繰り返しをやめて次のステップに進ませようと試みた妻の死によって、次の展開へと導かれ、その変化を受け入れることを余儀なくされるのです。

レコード破損の場面で弦楽四重奏をあえて選んだことにも監督の審美眼が光ります。村上春樹の原作では、俳優である家福がベートーヴェンの弦楽四重奏について、セリフを覚える際に聴く音楽としては最適だとしていますが、朝のリビングで使用しているとは書かれていません。ではなぜ、濱口監督はこの朝のシーンに弦楽四重奏の楽曲を使ったのでしょうか。

ヴァイオリン2本、ヴィオラ、チェロの4人で演奏される弦楽四重奏について、文豪ゲーテは「理性的な人間の交わす対話」であると評しています。これを当てはめると、物語の中の家福夫婦の間で理性的に交わされ、繰り返されてきた関係がすでに終わっていることを示唆していると考えられます。レコードの破損による同じフレーズの繰り返しでそれを示し、さらにはその繰り返しを妻の手によって遮断させることで、次なる展開に繋げていくのが妻であることを示しています。しかもこの妻には「音《おと》」という名が付されているのです。

モーツァルトとベートーヴェンという2人の偉大な作曲家の音楽。そのどちらのクラシック楽曲もその内容と使われ方を考えると、この映画の重要な部分を深く示唆する重要な役割を担っていたのだとわかります。濱口監督は練られた脚本とカメラワーク、映像の構図で評価の高い映画監督ですが、音楽の使い方とその理解の深さにも注目してみたいものです。

## 新しくて古い問題点をクラシック音楽が暴き出す

映画の中で使われたクラシック音楽の中で、近年最もその使い方のうまさに唸《うな》ったのは2023年公開の『エゴイスト』です。高山真の原作小説を松永大司《だいし》監督が映画化しました。

主人公とその恋人は、どちらも男性です。近年ではテレビドラマなどでも同性間の恋愛を多く取り上げるようになっており、社会的に多様性を重んじる風潮が主流となったひとつの例でしょう。

この映画では、LGBTQ＋インクルーシヴ・ディレクターと、男性同士の恋愛やセックス、友人たちとのコミュニケーションを齟齬《そご》なく伝えるためのインティマシー・コレオグラファーの監修がついています。こうした新しい役割は、映画界だけでなく舞台やドラマなどの現場にも少しずつ広がってきており、マイノリティとされてきた人たちに対する配慮を行うことが、ひとつの義務にすらなりつつあります。

映画『エゴイスト』は、14歳で母を亡くし、思春期に自分の性的指向に気づいて周囲と馴染めなかった浩輔が主人公です。田舎での偏見に耐えられずに上京し、ファッション誌の編集者になります。浩輔は東京での人間関係の中で、ゲイとしてのアイデンティティを肯定して生きるようになります。そんな時に出会った龍太はヤングケアラーとして母を養う生活を送っている苦労人でした。

ふたりは出会ってすぐに恋に落ち、互いを思い合い、支え合って「愛とは何か」を探っていきます。その矢先に、ある突然の不幸が起こってしまいます。これが映画『エゴイスト』の物語です。原作者高山真が実際に経験したこと、彼の人生に基づいています。

映画の中で、龍太が初めて浩輔の部屋で肉体関係になる重要なシーンがあります。この時シャワーを浴びた後に浩輔は、自分のiPhoneから部屋に音楽を流します。そこでかけられたのが、チャイコフスキー作曲の**「交響曲第6番ロ短調作品74〈悲《ひ》愴《そう》〉」第1楽章**です。この楽曲は他にも、浩輔が恋人を思いながら自宅でワークアウトをする時や、朝身支度をして〝社会的な顔を作る〟シーンにも、大音量のBGMとして主

チャイコフスキー作曲
「交響曲第6番ロ短調
〈悲愴〉」第1楽章

人公自身が音源を再生して使われています。

作曲家ピョートル・チャイコフスキーは1840年ロシア帝国に生まれました。父親は鉱山技師でしたがフルートを吹く音楽好きで、母親はピアノを嗜《たしな》むという音楽に囲まれた幼少期を過ごします。しかし幸せは長く続かず、チャイコフスキーが14歳の時に母親を病気で亡くしています。映画の主人公である浩輔と同じ境遇です。

成長したチャイコフスキーは法務省に勤めたものの、音楽への興味は尽きずに勉強を重ね、作曲家となりました。また音楽評論を新聞に連載するなど執筆家としても活動します。映画『エゴイスト』の原作者高山真も編集者であり、また優れた文章の書き手でもあったことを思い出させます。

音楽の教師などを続けながら、作曲の世界で活躍していくチャイコフスキーは、37歳で初めて結婚します。しかしこの結婚生活はたった2か月ほどという短期間で終わってしまいました。結婚生活に耐えきれなかったチャイコフスキーが、モスクワ川に身を投げて自殺を図ったのです。幸い命は助かりましたが、チャイコフスキーは二度と妻のもとに戻ることなく、実の弟のところに身を寄せて暮らすようになります。

実はチャイコフスキーは、自殺を図る前、弟に宛てて「深刻で乗り越えられない障害を抱えている」と同性愛者であるということを匂わせる手紙を出していたのです。当時のロシア帝国では同性愛は厳罰の対象で、処刑すらあったといわれています。チャイコフスキーももちろん自身の本来の姿を公にすることはできません。それを隠すかのように一度は結婚に踏み切りはしたものの、かえって自分を精神的に追い込んでしまう結果となったのです。

一命を取り留めたチャイコフスキーはその後、あの名曲「ヴァイオリン協奏曲ニ長調作品35」（59ページ参照）や三大バレエと呼ばれる《白鳥の湖》《眠れる森の美女》《くるみ割り人形》（121・213ページ参照）など優れた作品を数多く残しました。そんなチャイコフスキーの最後の交響曲となったのが、映画『エゴイスト』で使われた「交響曲第6番ロ短調〈悲愴〉」です。1893年この曲を自らが指揮をして初演した、たった9日後にチャイコフスキーは53歳で急死しました。

死因について、現在では当時流行していたコレラに感染したためという研究結果が主流となっていますが、つい数十年前までは「同性愛者として服毒自殺を強要されたのではないか」と考えられていました。同性愛者として名誉を傷つけられるくらいなら、いっそ自死してほしいという周囲の圧力があって死んだのだと後世が考えるほど、チャイコフスキーは生きづらい人生を送っていたといわざるを得ません。

映画『エゴイスト』でも、ゲイの友人たちと心から自身をオープンにして友情を育み、恋人と寄り添っていく一方で、浩輔も龍太も自分の親にはそれを隠して生きています。いくらダイバーシティを良しとし世間的にもマイノリティの存在を取り上げるようになってきたといっても、現実でも、まだまだ生きづらい世の中が改善されていません。チャイコフスキーが19世紀にロシアで抱えていた問題は、今もまだここに存在しています。チャイコフスキーの死の直前に演奏されたこの最後の交響曲が、映画『エゴイスト』の中で浩輔や龍太の苦しみをさらに明確にするかのように訴えているのです。この曲の持つこうした側面や歴史を知ると、より映画の理解が深まるでしょう。

このように、クラシック音楽について理解し、そしてクラシック音楽の背景にもっと触れることが、映画という別の分野の理解をもさらに深め、鑑賞に面白さを加えることに繋がります。映画鑑賞がもっと楽しくなるに違いありません。

第5章

# アニメと
# クラシック音楽

*The trouble with music appreciation in general is that people are taught to have too much respect for music; they should be taught to love it instead.*

—— Igor Stravinsky

一般的な音楽鑑賞の問題点は、
人々が音楽に対して過剰な敬意を
持つように教えられていることだ。
そうではなくて音楽を愛することを教えるべきである。

——イーゴリ・ストラヴィンスキー（作曲家・1882-1971）

# アニメとクラシック音楽の親和性

アニメは今や日本で楽しまれているだけでなく、海外輸出分野でも大きな位置を占めています。海外旅行に行くと、現地語に翻訳された日本の漫画本やアニメ番組に出会うことがよくあります。外国の方と日本のアニメやその主題歌、アーティストの話で盛り上がり、「日本語をアニメで学びました」という人にまで出会ったことも一度や二度ではありません。

日本語の一人称が気に入っているという、あるフランス人は、自分を指して「オラ」と言っていました。『ドラゴンボール』か『クレヨンしんちゃん』か、どちらかの影響を受けたのでしょう。アニメの影響力の大きさには驚かされます。

総務省による「放送コンテンツの海外展開に関する現状分析　２０２０年度」によれば、日本のアニメ放送番組の海外輸出額はコロナ禍にかかわらず引き続き伸びています。放送番組全体の放送権、インターネット配信権、ビデオ・ＤＶＤ化権、番組フォーマット・リメイク権、商品化権などの海外売上高（輸出）の総額は５７１・１億円で、19年度比で約９％増です。その中に占めるアニメの割合は引き続き高く、海外輸出総額の88・９％を占め、金額では４９６・３億円という大きなマーケットです。

アニメでは主題歌をヒットソングメーカーに依頼して、勢いのある歌手に歌ってもらうことが一般的ですが、挿入歌ではクラシック音楽を効果的に使っているものが多くあります。

アニメとクラシックといえば、ディズニー映画『ファンタジア』（１９４０）を思い出す方も多いのではないでしょうか。指揮者レオポルド・ストコフスキーとフィラデルフィア管弦楽団による秀逸な演奏と録音のクラシック音楽を使用した全部で８編からなる長編アニメ映画です。

ひとつはピョートル・チャイコフスキー作曲の**バレエ《くるみ割り人形》**。バレエのそれぞれの楽曲に、かわいらしいキャラクターの動きを合わせた幻想的なアニメーションです。

《くるみ割り人形》はクリスマスのプレゼントをめぐる楽しい物語で、日本でも年末年始に必ず公演が見られる演目です。「**花のワルツ**」（213ページ参照）など有名な楽曲揃《ぞろ》いですが、なかでも「**葦笛《あしぶえ》の踊り**」は、ソフトバンクのCMなどにも使われていたので、白い犬を思い出してしまう方もいらっしゃるでしょう。他の楽曲もそれぞれ一度は聴いたことのある曲ばかりです。

もうひとつの『魔法使いの弟子』には、ミッキーマウスが登場します。フランスの作曲家ポール・デュカス（1865〜1935）の**交響詩**「**魔法使いの弟子**」は、1897年に作られました。ゲーテのバラッド（物語のある詩のこと）『魔法使いの弟子』の仏語訳の詩に基づいています。

デュカスは大変神経質かつ完璧主義で、自分の作品に対しても厳しい目を持っていました。そのため、自分の気に入らなかった作品を数多く破棄していて、今に残っているのはほんの20曲といわれています。交響詩「魔法使いの弟子」はそんな厳しい作曲家本人にも認められた秀逸な作品といえるでしょう。

『魔法使いの弟子』は、ある日魔法使いに用を命じられた弟子が、仕事を面倒がり、自分の魔法で箒《ほうき》を働かせようと悪巧みをしたお話です。まだ半人前だった弟子は思っ

チャイコフスキー作曲
バレエ《くるみ割り人形》より「花のワルツ」

チャイコフスキー作曲
バレエ《くるみ割り人形》より「葦笛の踊り」

たように魔法がかけられず、箒が暴走してしまいます。頼まれていた水汲《く》みも失敗し、あたりは水浸しになってしまうのです。魔法でズルをしようとした結果、手がつけられない事態になる、という楽しい内容の物語です。

ディズニーの映画では魔法使いが置いていった帽子をミッキーマウスが被り、魔法使いの弟子の〝役を演じる〟舞台のような構成になっています。映画の最後には、オーケストラを指揮したストコフスキー（シルエットだけの登場）にミッキーマウスが舞台のカーテンコールのようにお礼を言いにやってきます。こうした遊び心もこの映画の魅力のひとつです。

映画『くるみ割り人形』も『魔法使いの弟子』も、まずベースとなる音楽があり、その音楽が示している物語に合わせてアニメーションが制作されています。楽曲の持つ本来の意を汲み、メロディやリズムとアニメーションが完全に一致するように作られているのです。音楽が主体にあるアニメ制作といえるでしょう。

デュカス作曲
交響詩「魔法使いの弟子」

## 画期的な録音再生技術がヒットの一因に

また、映画『ファンタジア』は音源制作の側面でも映画史と録音再生技術の変遷の中で大事な役目を果たしています。それは、この映画が初めてステレオ再生方式を採用して、一般化した作品だということです。

ステレオとは、複数のスピーカーから音を出すことによって聴く人に立体感を感じさせる方法です。イヤフォンやヘッドフォンは右と左から違う音がしています。このおかげで、人間の耳では音のするものや距離、位置などに空間を感じることが可能になります。また、さらに多くのスピーカーを使って、いわゆるサラウンドという、音に包まれている臨場感を味わうことができます。

しかし、複数のスピーカーから違う音を出す手法で映画を作ると、音楽と映像を同時に再生するために当時大きな装置が必要でした。アメリカでは1940年にすでにそれが可能だったのです。このステレオ再生によって見ている人にさらに臨場感を与えることができ、結果この映画『ファンタジア』は大ヒットします。

現在では、映画館ではサラウンド（５・１chや７・１chなど）再生は当たり前となり、より立体感を得られるドルビーアトモスが採用されている映画館も数多くあります。最大64個のスピーカー再生が可能なドルビーアトモスは、天井などにもスピーカーを配置して再生できるシステムです。それぞれの音に位置情報がつけられていて、どのスピーカーから何を出すのかをコントロールできるようになっています。後ろから近づいてくる人の声や、上空を右から左に飛び去る飛行機の音などもより臨場感をもって聞こえることがあるでしょう。こうした〝３Ｄ〟や〝イマーシヴ（没入感）〟の先駆けが、クラシック音楽を使った作品だったのです。

目の前で踊る花やキノコたち、ミッキーマウスが困っている姿と一緒に、オーケストラサウンドにも耳をそばだて、臨場感を味わってほしい作品です。

# ネコとネズミの超絶技巧ピアノ曲

クラシック音楽にアニメが融合している作品として、『トムとジェリー』を忘れることはできません。1940年にウィリアム・ハンナとジョセフ・バーベラによって創作された、アメリカ合衆国のアニメシリーズです。

猫のトムは毎日、なんとかしてネズミのジェリーを捕まえようと、あの手この手を仕掛けるのですが、ジェリーのほうが体も小さいのにトムを翻弄しています。日本でも1964年に公開され大人気となりました。この中の一編に『ピアノ・コンサート』（1947）があります。第19回アカデミー賞短編アニメ賞も受賞しました。トムがピアニストに扮《ふん》してコンサートを開催します。曲目はフランツ・リスト（1811～86）作曲の「**ハンガリー狂詩曲S／G244・R106第2番嬰《えい》ハ短調**」です。

リストは1811年に当時のオーストリア帝国ハンガリーで生まれました。ベート

リスト作曲
「ハンガリー狂詩曲
第2番嬰ハ短調」

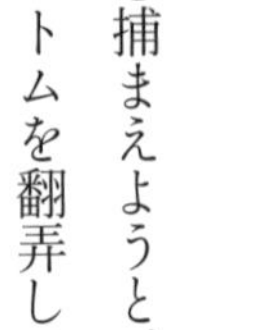

ーヴェンやシューベルトにも教えたとされるサリエリに師事し、早くから演奏と作曲の才能を開花させました。**「ラ・カンパネッラ」**や「愛の夢」（２０６ページ参照）など誰もが一度は聴いたことのある美しいピアノ曲を多く残しました。

またオーケストラを用いたピアノ協奏曲や交響曲、交響詩にも優れた作品が多くあります。編曲家としても多くの作品を残しており、リストの豊かな才能と努力をうかがい知ることができます。

そんなリストは今もハンガリーで大切にされており、ハンガリーの首都ブダペストの空港は、２０１１年３月にリストのハンガリーでの名前にちなんで、リスト・フェレンツ国際空港に名称が変更されました。

リストはピアノの魔術師と呼ばれるほど優れたピアニストだったので、その力強い演奏に耐えうる楽器を常に求めていたことでも有名です。オーストリアのピアノ製造会社であるベーゼンドルファーは、そんなリストの演奏で弦も切れずによい音を鳴らしたことで、一躍有名となりました。

またリストは超絶技巧を要求するピアノ演奏の難曲を数多く作っており、そのひとつがトムの演奏した「ハンガリー狂詩曲第２番」です。「ハンガリー狂詩曲」はピア

リスト作曲
「ラ・カンパネッラ」

ノ独奏のために書かれた作品集で、全19曲あります。「ハンガリー狂詩曲」とはいっても、ハンガリーの民族音楽ではなく、当時ハンガリーで演奏をすることの多かったロマ民族による音楽隊の音色にルーツがあります。

この曲を演奏するコンサートに出演したピアニストに扮するトムは、燕尾服を纏《まと》いコンサートホールのステージに立ち、うやうやしくグランドピアノの前に座ります。演奏が始まるやいなや、このピアノを寝床にしていたジェリーが起き出してしまいます。ピアノのハンマーに睡眠妨害をされたジェリーは、トムの演奏を邪魔するのですが、トムの動きとジェリーがイタズラをする動きが音楽にぴったり合っていて、目が離せません。超絶技巧を要する速いパッセージもジェリーの素早い動きによって、音符にぴったり寄り添います。

途中、トムがピアノの蓋《ふた》に指を挟まれて、手がぺらぺらの階段状になるシーンなど、お馴染《なじ》みの様子がコミカルに描かれます。ついには、楽曲を最後まで弾ききるのですが、トムは服も破れ、疲れ切ってへろへろ状態。観客はジェリーに拍手喝采《かっさい》を贈る、という楽しい内容です。

楽曲の面白さ、優れたピアノ演奏はもちろんですが、アニメーションを音楽に合わせて作画し、動かすという当時としては目を見張る内容で、今でもファンの多い作品です。世界的なピアニスト、ラン・ランはこのアニメを見て、「ハンガリー狂詩曲」が弾きたい、プロのピアニストになりたいと思ったと語っています。アニメといえども、のちの芸術家創出に影響を及ぼした秀逸な作品といえるでしょう。

一方、クラシック音楽の視点から見ればこのアニメとクラシック音楽の現実とは合わない部分があるところには注意が必要です。アニメ冒頭では、オーケストラが音程を調整する音も聞こえてきます。しかしオーケストラは描かれません。どうやらこのコンサートはリストの元のピアノ独奏ではなく、冒頭部分だけオーケストラが登場しているようです。オーケストラはピアニストのトムがステージに上がってもまだチューニングを続けており、さらにステージ上ではなく、オペラの際に使われているステージ下のオーケストラピットにいるようです。

オーケストラとピアノが一緒に演奏する楽曲（ピアノ協奏曲など）のコンサートの場合、通常オーケストラもピアノと一緒に舞台に上がって演奏します。アニメの演出上、トムとジェリーだけを入れたいということなのか、これは実際の一般的なコンサートと違っています。

また、通常グランドピアノの音を出すためのハンマーは弦を下から叩く構造になっていますが、トムが弾くピアノではハンマーが上になっています。この上にあるハンマーにジェリーが飛び乗ったり踊ったりして演奏できるような映像上の演出のために、事実と乖離《かいり》してしまいました。実際に、この作品の印象が強すぎて、ピアノはハンマーが上から叩いて音を出しているのだと、多くの人が勘違いをするようになりました。

こうした〝事実とは違う〟部分があることもまた、アニメを見る際には気をつけなければならないことのひとつです。

## 新時代を目指す新世界

現在では少年アニメの冒険の中でクラシック音楽を使用していることも多くありま

ドヴォルジャーク作曲
「交響曲第9番ホ短調
新世界より」第4楽章

す。

例えば、『ONE PIECE』第126話では、アントニン・ドヴォルジャーク（1841～1904）作曲の「**交響曲第9番ホ短調作品95・B.178 新世界より**」の第4楽章が使われています。『ONE PIECE』は主人公が海賊になって大秘宝ワンピースを求めて冒険する物語です。「週刊少年ジャンプ」に連載されている大人気漫画が原作で、アニメだけでなく映画も公開されヒットしています。

ドヴォルジャークは、オーストリア帝国時代のプラハ近郊の町で生まれたチェコ国民楽派を代表する作曲家です。父親は音楽家ではなかったのですがツィター（弦楽器の一種）で舞曲を作って弾いており、チェコの民族音楽やダンスの楽曲に囲まれた環境で育ちました。苦しい生活ながらも音楽教育を受けることができたドヴォルジャークは、ヴィオラ奏者となります。

オーケストラで演奏していた時に出会ったのが、指揮者であり作曲家のベドルジハ・スメタナ（1824～84）です。スメタナは日本では「モルダウ」として有名な楽曲が含まれた**交響詩「わが祖国」**の作曲家です。スメタナから学ぶことのできたドヴォルジャークは次第に作曲家への希望を膨らませていきます。ウィーンで活躍してい



スメタナ作曲
交響詩「わが祖国」

た大作曲家ブラームスもドヴォルジャークの作品を認め、ヨーロッパにその名が広まりました。

ドヴォルジャークの最後の交響曲となった「交響曲第9番 新世界より」は、当時アメリカでの活動を行っていたドヴォルジャークが新世界、つまりアメリカ大陸から故郷チェコへ向けて作った楽曲という意味が込められています。海を渡って、新大陸へ進出して活躍した作曲家が、遠く離れたヨーロッパの故郷を思っているのです。つぎつぎと泉から水が湧き出るように溢《あふ》れ出す、印象的なメロディと壮大なオーケストレーションで、40分はかかる長い交響曲でありながらまったく聴く人を飽きさせません。

第2楽章は日本でも「家路」「遠き山に日は落ちて」という歌となり長く歌われ愛されてきた曲です。日本人に馴染みのある音階（ヨナ抜き。ファ・4度とシ・7度を抜いた音階）が使われていてノスタルジックなこの曲を聴くと、誰もが自分の故郷をそばに感じるものです。

アニメ『ONE PIECE』では主人公のルフィが大海賊クロコダイルと最終決着をつける戦いのシーンで、この「新世界より」第4楽章の冒頭から流れはじめます。ルフィは「おまえをぶっ飛ばして俺は出ていく！」と宣言して戦い、勝利します。

一度敗れた相手であり強敵のクロコダイルに再度挑む士気を上げていくルフィの気持ちに、「新世界より」の力強く速いテンポの曲調がみごとに合っており、場面の緊張感をより高めています。そして目の前の敵を倒して、新しい世界に船出するシーンに、この楽曲の爽快感はまさにこのアニメの目指すイメージにぴったりです。

## 戦闘シーンとクラシック

戦闘シーンにクラシック音楽を多用した代表的なアニメとして、1988年から2000年にかけて制作されたアニメシリーズ『銀河英雄伝説』があります。田中芳樹《よしき》の同名SF小説を原作とし、劇場公開用アニメ3作、本伝110話、外伝52話という超大作です。

数千年後の未来、銀河系を舞台に帝国軍と自由惑星同盟が150年にわたって抗争し、宇宙船で戦う歴史を描いています。どちらの側にも魅力的なキャラクターが登場し、推しキャラが誰かという話は尽きません。特に帝国宰相〝常勝の天才〟ラインハルト・フォン・ローエングラムと、同盟側の〝不敗の魔術師〟ヤン・ウェンリーという2人の英雄は人気があります。

単に国防をかけた戦争という側面だけでなく、内部抗争やポジション争い、家族や恋人との人間模様なども、細かく描かれており、生き生きとした表現がされています。戦争物語なので男性の支持が多いのですが、魅力的なキャラクターへの憧れで女性の心もしっかりと摑《つか》んでいる、現在でも多くのファンを持つ根強い人気作です。

『銀河英雄伝説』では、ひとつを挙げることが困難なほど、数多くのクラシック音楽が挿入されています。物語の始まり第1話のはじめから、グスタフ・マーラー（1860～1911）作曲**「交響曲第3番ニ短調」の第1楽章**が使われるなど、クラシック音楽好きにはたまらない選曲であり、アニメ好きの視点からは、壮大なオーケストラの音がよりこの物語への期待を大きくします。他にもハイドン、ベートーヴェン、チャイコフスキーなどのクラシック音楽が数多く選ばれています。

これには、当時アニメ制作に関わっていた徳間グループの音楽部門会社である徳間

マーラー作曲
「交響曲第3番ニ短調」第1楽章

ジャパンが、ドイツ・シャルプラッテンレコードの音源を大量に持っていたことから実現できたという経緯があります。クラシック音楽、特にオーケストラの音源を制作するには、オーケストラや指揮者と連携し、ホールで何日もかけて録音する必要があります。当然そこには指揮者とオーケストラへ支払う演奏料だけでなく、オーケストラ録音のできる大きなホールや大型のスタジオのレンタル費用、また録音技術者たちの人件費も必要です。交響曲の録音には日数と費用がかかるのです。

幸いなことに、ドイツ・シャルプラッテンレコードは当時の東ドイツの国営企業で、またクラシック音楽の本場ベルリンということもあり、数多くの交響曲をはじめとしてクラシック音楽の非常に良質な音源を、利益追求をわきに置いて優れたものを作りたいとする、音楽的に恵まれた環境にありました。こうした良質な交響曲の録音を手にしていた徳間ジャパンからの提供により、アニメに挿入するという権利処理も迅速にできたのです。

アニメにかかわらず、映像に音楽をつける場合、それが既存の音源であれば使用許諾と使用料の交渉があり、これがネックとなって音源を使えないという事例はまま見られます。クラシック音楽は著作権保持期限（現在日本では作曲家の死後70年）が切れているから使用料がかからない、と思われている場合がありますが、それは単に作曲家の権利が失効しただけであり、その作品を演奏し記録したものには、制作した側が通常持っている権利である原盤権や演奏者の権利があります。その点において『銀河英雄伝説』は、こうした交渉に支障がなかったという幸運を持っていたといえます。

『銀河英雄伝説』中に使われた数多くのクラシック音楽の中で、特に印象的に使われたものとして、ドミートリイ・ショスタコーヴィチ（1906～75）作曲「**交響曲第5番ニ短調作品47**」をとりあげましょう。銀河系宇宙で繰り広げられる戦いで、暗黒の宇宙に光線や爆発光が飛び交う白熱したシーンにこの楽曲が使われています。

ショスタコーヴィチは、ロシア帝国時代に生まれたソビエトの作曲家です。幼い頃からピアノを弾き、また両親に連れられてオペラを観るなど、音楽への興味関心をごく小さな時から持っていました。音楽院でピアノを習い、ピアニストとして活動を始めます。同時に作曲も学んでおり、1926年、「交響曲第1番」が初演されます。

その後ピアノ協奏曲ほか大きな楽曲を創作するなど順調な作曲家活動を続けますが、ソビエト連邦の成立やそれに続くスターリンによる政治的弾圧など社会的に暗い時代

ショスタコーヴィチ作曲
「交響曲第5番ニ短調」

を迎え、ショスタコーヴィチの作曲活動にも影響を及ぼしはじめます。

1937年、レニングラード音楽院で働くようになった頃に作られたのが、この「交響曲第5番」です。それまでショスタコーヴィチは、作曲を始めた初期の段階から前衛的で複雑な新しい作風の音楽を目指して作曲をしていました。しかし、この「第5番」はこれまでとは一線を画し、ヨーロッパの古典的な交響曲の構成をとっています。弾圧、大粛清によって友人知人らを失いながらも作曲を続けた暗い時期を越えて、それまでの先鋭さを制して創作をしたのです。

ショスタコーヴィチ自身はこの交響曲について「正当な批判に対するひとりのソビエト芸術家の実際的かつ創造的な回答である」と記しています。ソビエト連邦のプロパカンダとして使われ、政治的な色合いが強いとされていたショスタコーヴィチですが、ただのひとりの芸術家として自身の作品を作り続けたいという思いがそこにありました。こうしたショスタコーヴィチの音楽を、未来の宇宙間戦争が題材となったアニメで聴くというのは、複雑な思いも生まれます。

ショスタコーヴィチに限らず、作曲家はその生きる時代や社会に否応なく飲まれていき、それは作品や評価に大きく影響を及ぼします。また世界情勢や政治が、時に文化に大きな転換を生み出し、時として大きなダメージを残します。今現在においても、２０２２年ロシアによるウクライナへの武力行使直後に、チャイコフスキー作曲**序曲「１８１２年　変ホ長調作品49」**（ロシア軍がナポレオン軍に打ち勝ったことを祝う意味を持つ楽曲）の日本国内での演奏自粛があり、またロシア人音楽家には、西側諸国で演奏する際には政治と距離をおいていることを表明することが求められたりしました。芸術と国家や政治をどこまで関係づけるのか、今もその問題はここにあるのです。

## 管楽器紹介楽曲?!

前項で紹介した『銀河英雄伝説』の数多く使われたクラシック音楽の音源に、実は日本で録音したもの（新日本フィルハーモニー管弦楽団演奏）があります。モーリス・ラヴェル（１８７５〜１９３７）作曲の「**ボレロ**」です。

映画『銀河英雄伝説　わが征くは星の大海』（１９８８）の制作時、石黒昇総監督と脚本の首藤剛志は「ボレロ」を念頭に脚本、コンテの制作を進めていました。しかし

チャイコフスキー作曲
序曲「1812年 変ホ
長調」

「ボレロ」はまだ著作権の期限が切れていない時期だったのです（2016年に本国フランスにおいて著作権が消滅）。徳間ジャパンの持つ著作権の切れた楽曲の原盤を使用する他のものとは違った状況があります。

「ボレロ」については著作権を持つ権利者との交渉に加え、その原盤が作られた当時の合意が何か（シンクロ、つまり映像とセットで使うなど二次使用については想定されているかどうか）によって、使用許諾の交渉が複雑になります。音楽を作る側としては、もともと、CDなど音楽鑑賞用での発売の場合、著作権を持つ側とは、まず録音の許諾と楽曲使用料の合意を取ることが第一で、それ以外のシンクロなどを想定して合意を取るほうが稀《まれ》です。二次使用の際には、新たに契約を結ぶという内容にとどまります。

「ボレロ」の場合には、著作権保持者と原盤権保持者というふたつから許諾を得るというのが大変煩雑だったと想像できます。そこで、アニメ映画での使用のための楽曲使用許諾を著作権者からとり、映画のために新たに録音をしたという流れになったということでしょう。前述のとおり、オーケストラ録音には経費が大きくかかります。それを押してでも、それほどこの戦闘シーンに「ボレロ」を使いたいという監督の思いが大きかったといえます。



ラヴェル作曲
「ボレロ」

モーリス・ラヴェルは１８７５年にフランスに生まれました。音楽好きの父親の影響で、早くから演奏や作曲を行い、パリ音楽院に進みます。当時のパリはそれまでの伝統的古典的な芸術だけでなく、革新的なものを作り上げていくという風潮があり、前衛的な芸術を生み出す者たちと多く交流していました。管弦楽の魔術師とも称される卓越した作曲手法を持つラヴェルの作品は、現在でも愛され演奏され続けています。

ラヴェルはオペラや歌曲、バレエの音楽も手掛けました。美しく幻想的なピアノ曲「**水の戯れ**」や、「**亡き王女のためのパヴァーヌ**」など、今も多くの演奏家によって演奏され続けている楽曲も数多くあります。

そんなラヴェルの代表曲のひとつ、「ボレロ」はバレエのために作られた音楽です。初演は１９２８年のパリ・オペラ座でイダ・ルビンシュタインのバレエ団によって公演されています。もともとルビンシュタインの依頼によって作られたので、この楽曲はルビンシュタインのバレエ団と1年間の独占契約が結ばれました。ここでも著作権と使用契約が楽曲にとって、またそれを使う側にとってもいかに重要であるかがわかります。



ラヴェル作曲
「水の戯れ」

ラヴェル作曲
「亡き王女のための
パヴァーヌ」

「ボレロ」はタン・タタタ・タン……とスネアドラムによるリズムだけで始まります。このリズムが保たれている中で、ふたつの印象的な旋律がさまざまな楽器が代わるがわる出てきて繰り返されるという、面白い楽曲です。管楽器が次々に旋律を担当していくので、楽器紹介、音当てゲームにも使える特徴的な構成が魅力です。この癖になりそうな楽曲が好評を博し、ルビンシュタインのバレエ団の1年の独占契約が終わった後には、各国のオーケストラがこぞって演奏する人気の楽曲となりました。

日本でもそれは同じで、一度は聴いたことがあるという人がほとんどではないでしょうか。アニメだけでなくドラマや映画、フィギュアスケートでも使われています。他にも、アニメ『デジモン』で1999年に公開されたシリーズ1作目の映画『デジモンアドベンチャー』で使われるなど、アニメでも頻出の楽曲です。少しずつ進化してデータを蓄積していくキャラクターと、ボレロが持つ次々に変化していく曲の様子が非常に相性がよいように思えますね。

## アニメの登場人物が演奏するクラシック

ＢＧＭとしてクラシック音楽を流すだけでなく、またクラシック音楽の世界を描いたアニメではないにもかかわらず、登場人物が突如クラシック音楽を演奏しはじめる場合もあります。アニメ『ゴールデンカムイ』では、ルートヴィヒ・ヴァン・ベートーヴェン（１７７０〜１８２７）の美しいピアノ曲を演奏する場面が出てきます。

物語は明治末期の樺太で、男たちがアイヌ民族から強奪された金塊を求めて争う様子が描かれます。その中で、戦争中に負傷して欠けた頭蓋骨《ずがいこつ》をホーロー製の額当てで補完している謎と狂気に満ちた恐ろしい人物像として描かれる鶴見中将が、なんとベートーヴェンの名曲「**ピアノソナタ第23番 ヘ短調作品57 熱情**」の**第1楽章**を自ら演奏しているのです。

ベートーヴェンが１８０５年に書き上げたこのピアノソナタは、ベートーヴェンの中期の作品として評価の高い楽曲です。次第に深刻化していく難聴に悲観したベート

ベートーヴェン作曲「ピアノソナタ第23番 ヘ短調 熱情」第1楽章

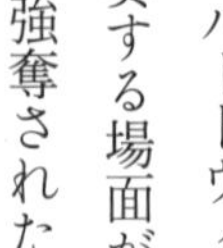

ーヴェンは、１８０２年「ハイリゲンシュタットの遺書」と呼ばれる手紙を書くほどの絶望に追い込まれていました。自殺は思いとどまったものの、この苦悩を乗り越えるには大変な精神力が必要でした。それを作曲、音楽芸術に対する強い情熱で生きる力を振り絞り、作品を書き続けました。

この頃、ベートーヴェンは新しいピアノを手に入れます。フランスのエラール社が製作したそのピアノは従来のピアノより音域が広く、さらに力強い響きを生み出すことができるようになっていました。ベートーヴェンはその新しいピアノとの出会いで、さらに自分の求める音楽、理想とする音を発展させようとしたのです。

「ピアノソナタ 熱情」は、新しいピアノの最高音域までを存分に使い、力強いパッセージを採用して作曲されました。それはまるでオーケストラのように力強く、ダイナミックな響きの傑作です。一度は死のうとさえ思ったベートーヴェンがもう一度人生に、そして作曲に情熱を傾け、音楽家としての未来を新しく切り開こうとして生み出された名曲でした。ベートーヴェンの熱情がしっかりこもったこの楽曲は、演奏にも相当の技術と集中力、表現力を要します。特にこの第１楽章後半部分に押し寄せる感情の怒濤《どとう》のような激しさ、嵐のような疾風は演奏の最も難しい部分です。

この曲を作っていた頃、ベートーヴェンはあの**「交響曲第5番ハ短調作品67〈運命〉」**にも取り掛かっていました。「運命」の冒頭、ジャ・ジャ・ジャ・ジャーンと表現される、冒頭同じ3つの音を連続して奏でる有名な旋律〝運命の動機〟は、このピアノソナタ第1楽章に何度も登場します。まさにベートーヴェンは新しい運命の扉をこの楽曲、このメロディでこじ開けようと戦っていたのです。

そんな大きな意味ある楽曲を、アニメ『ゴールデンカムイ』の劇中で鶴見中将に自ら弾かせてみせる。これほどの難曲を弾くスキルを身につけている鶴見中将とは本当はどういう人物なのか。狂気と暴力性だけではない、謎に包まれた激動の過去も持ち合わせている人物なのではないか。それを暗示している優れた選曲といえるでしょう。

## コナンの神回は月光ソナタ

すでに漫画のコミックが１００巻を超え、アニメも25周年という『名探偵コナン』

ベートーヴェン作曲
「交響曲第5番ハ短調
〈運命〉」

もクラシック音楽を効果的に使う作品のひとつです。『ゴールデンカムイ』と同じく、登場人物がピアノでベートーヴェンのピアノソナタを弾く『ピアノソナタ「月光」殺人事件』があり、その物語の秀逸さから〝コナンの神回〟とファンの間で呼ばれている話です。

主人公江戸川コナンは、悪の組織が開発した薬によって小学生の体に変化している高校生探偵工藤新一の仮の姿です。『ピアノソナタ「月光」殺人事件』は主人公コナンが訪れた島で、火事にあった家のピアノから「月光」のメロディが流れるたびに人が殺されていくというストーリーです。この曲が使われただけでなく、古いピアノなのに音が狂っていない（調律がされている）ことや、楽譜を暗号に利用したりするなど、クラシック音楽愛好家の関心をひく仕掛けが散りばめられています。

「月光」はベートーヴェン作曲の「**ピアノソナタ第14番嬰ハ短調作品27－2 幻想曲風ソナタ**」（1801）のことを指します。ベートーヴェン自身が月光と名づけたのではなく、のちにドイツの音楽評論家ルートヴィヒ・レルシュタープがこの曲の第1楽章を「スイスのルツェルン湖の月光の波に揺らぐ小舟のよう」だと評したことに由来



ベートーヴェン作曲
「ピアノソナタ第14番嬰ハ短調 幻想曲風ソナタ」

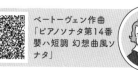

しているといわれています。

もともとの「幻想曲風」というタイトルは、自由な発想で作られた楽曲を意味します。それまでの古典的な作曲手法のピアノソナタではなく、新しい手法を取り入れて作曲したいというベートーヴェンの強い意思がそこに感じられます。月光の波を思わせる緩やかな第1楽章に始まり、軽快なテンポの第2楽章、そして速いスピードで指を動かして弾くことが求められる第3楽章と、楽章ごとにどんどん速度が上がっていく斬新な構成です。アニメの中でも第1楽章から順番に使われていて、殺人の切迫感を上げる効果を発揮しています。

一方前述のとおりこの時期、ベートーヴェンは自分の耳に強く異常を感じるようになっていました。自ら死を望んでしまうほど思い悩んでいた頃です。これまでの作曲手法から脱却して常識を打ち破り、新しい音楽を作ろうとする前向きな芸術への挑戦があると同時に、死をも意識するという相反する心の葛藤がありました。幸いにしてベートーヴェンは最悪の事態を自力で回避し、生きるほうを選ぶことができました。

しかし、コナンの物語の中ではこの連続殺人の真犯人をコナンが追い込んでしまったことで、結果的に犯人自ら死を選んでしまいます。コナンである子どもの体になってしまった工藤新一では、その自殺を止めることができませんでした。『名探偵コナン』の数多いストーリーの中で、犯人を追い詰めて死なせてしまったのはこの『ピアノソナタ「月光」殺人事件』だけです。以降、コナンは推理で人を殺さないという探偵哲学を徹底させていきます。

作者青山剛昌《ごうしょう》は、「推理で犯人を追い詰めて殺すことなく、捕まえて罪を償わせる」という物語の核を貫くために、あえて例外であるこの回を描いたといいます。その長い連載の唯一の例外に、死を意識していた時期に作られ、そして死を選ばなかったベートーヴェンの楽曲でストーリーを構成した意味は大きかったといえるでしょう。

## 歓喜の歌

ベートーヴェンを効果的に使ったアニメといえば、『新世紀エヴァンゲリオン』（1995〜96）があげられます。『新世紀エヴァンゲリオン』は、人型の兵器エヴァンゲリオンに搭乗する少年少女パイロットたちと、敵である使徒との戦い、そしてそれがなんであるかを探る道程が描かれた作品です。ＴＶシリーズのクライマックス第弐拾四話「最後のシ者」に、ベートーヴェン作曲「**第九**（**交響曲第9番ニ短調作品125**）」**第4楽章**が非常に印象的に、他に類を見ない例で使われています。

ベートーヴェンの「第九」は、難聴が進んでもうほとんど聞こえなくなっていたベートーヴェンが最後に到達した、大編成のオーケストラがソプラノ、アルト、テノール、バスの4人のソロ歌手と大合唱を伴って演奏する大規模な交響曲であり最高傑作です。１８１５年から本格的に作曲を始め、完成したのは１８２４年、亡くなる３年前のことでした。２０２４年は「第九」がウィーンで初演されてから２００年を記念する年にあたり、世界中で「第九」の演奏が予定されています。日本では毎年年末になるとあちこちで聴かれる最も知名度の高い交響曲です。

第4楽章には独唱と合唱があり、その歌詞はシラーの詩『歓喜に寄す』がベースになっています。歌の導入部分は、ベートーヴェン自らが一節を追加し、自身の思いを提示しています。

〝私たちは　もっと心地よく　もっと歓喜に溢れる歌を歌おうではないか〟



ベートーヴェン作曲
「第九（交響曲第9番
ニ短調）」第4楽章

難聴だけでなく他の病にも蝕《むしば》まれていたベートーヴェンが最後に行き着いたのは、生きることの喜びとそれを分かち合うことのできる人々との温かい関係、神への想いを込めて自身の作品に投影させることでした。

〝抱き合おう、数百万の人々よ！　このくちづけを世界中に！〟

ベートーヴェンの死後、しばらくはこの楽曲が演奏されない時期が続きました。それは、演奏規模が大きいことや、演奏技量が高くなければベートーヴェンが目指したであろう音楽に見合わないといわれていたことが理由のひとつです。それでも、当時のウィーン市民、ウィーンの音楽を愛する聴衆たちは「第九」をはじめとしたベートーヴェンの交響曲を〝うまい演奏で聴きたい！〟と熱望したのです。その市民感情に背中を押され、当時のウィーン宮廷歌劇場楽長（指揮者）であったオットー・ニコライが提案して成立したのが、あのウィーン・フィルハーモニー管弦楽団（1842年創立）です。

『新世紀エヴァンゲリオン』では、カヲルという少年がエヴァの弐号機に侵入するシーンで「第九」の第4楽章が始まります。実はカヲルは最後の使者、つまりエヴァが戦っていた側の使徒のひとりです。使徒の中にはアダムやサキエルなどユダヤ教やキリスト教の天使にまつわる名前が付けられて登場します。

カヲルは主人公シンジと戦います。「第九」の合唱が流れる中、2人は戦い、その最後でカヲルはシンジに向かってこう言うのです。「君は死すべき存在ではない。君たちには未来が必要だ」と。つまり自分を倒して、未来を摑めと諭すのです。この間、バックでは「第九」の合唱が高らかに歌っています。

〝喜びを！　太陽の光に満ちた大空を飛ぶように
走れ！　兄弟よ！　自分たちの道を　清々しく勝利に進む勇者のように！〟と。

生と死、人間の愚かさ、そして神の存在を描いたこのアニメの壮大な世界観の構築に、この「第九」の持つ力をある意味利用したともいえます。ここにアニメBGMの真骨頂があります。さらにこのアニメは映画版に続いていくのですが、さらなる人類の苦難、人間の驕《おご》りから起こる悲劇を、この歓喜の歌の歌詞は予言しているかのようでもあります。

〝神の存在を感じているか、世界よ
星々のかなたに神はいらっしゃるのだ！〟



ヘンデル作曲
オラトリオ《メサイア》
より「ハレルヤ・コーラス」

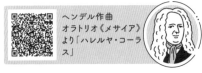

『新世紀エヴァンゲリオン』では、このベートーヴェンの「第九」の他にも、神と人間の関係性を表すようなクラシック音楽が使われています。ゲオルグ・フリードリヒ・ヘンデル（1685～1759）の**オラトリオ《メサイア》HWV.56**もそのひとつです。

《メサイア》はイエス・キリストの降誕から受難、復活までが歌われている作品です。その中でヨハネの黙示録からとられた「神をほめたたえよ」の意味を持つ「ハレルヤ」が、『新世紀エヴァンゲリオン』第22話「せめて、人間らしく」の戦いの最中に使用されます。少女パイロットのアスカが戦いながら精神が崩壊していく壮絶な様子を示しながら、神の目指す世界が完成する喜びを歌ったハレルヤを流すことに、恐ろしさを感じるほどです。

また、ヨハン・セバスティアン・バッハ（1685～1750）の楽曲と知らなくても聴いたことがある人の多い有名曲「**主よ、人の望みの喜びよ**」「G線上のアリア」（22ページ参照）も、映画『新世紀エヴァンゲリオン劇場版 Air／まごころを、君に』（1997）に2曲とも挿入されています。

J.S.バッハ作曲
「主よ、人の望みの
喜びよ」

ちなみに、アリアというのはイタリア語で独奏曲を示します。また、シンプルな伴奏にメロディを持った曲をドイツ語やフランス語、英語ではAirと表記します。この映画タイトルと同じ綴《つづ》りです。オペラやオラトリオの中でアリアを歌えるのは主役級の一部の歌手だけです。抒情的で印象的な旋律を持つアリアはその物語の中で最も重要な柱ともいえます。そして歌手はたったひとりでオーケストラを携え、その歌を完璧に歌い上げなければならないという重責を担っているのです。

エヴァンゲリオンの映画では、それぞれのパイロットはひとりで1機を担います。さらには編隊を組んで戦うのではなく、つねに個人が前線にいる戦い方を強いています。こうした重要なシーンに使われたバッハのアリア、そしてAirという単語をタイトルに持ってきた意味を考えると、音楽が映画に直接繫《つな》がっているようにみえるのです。

クラシック音楽を日常的に聴いている人でなければ、ベートーヴェンの「第九」の歌詞が持つ意味や、ハレルヤと歌われる意味、キリスト教の世界観などをアニメのシーンにリンクさせて考えることはないでしょう。しかしそれらを知らずとも、クラシック音楽の持つ〝よくわからないけど感じる何か壮大な雰囲気〟や〝恐ろしいほどに後ろに広がる世界がある〟ことは感じられるのではないでしょうか。クラシック音楽の力がアニメの世界観を増幅させているともいえます。

さらにいえば、こうして楽曲を深掘りしていくことで、視聴者がアニメの示す世界をよりいっそう深く理解できるでしょう。そしてクラシック音楽の持つ意味と歴史そのものをアニメに加えることで、制作側もアニメの世界観をより深く、広く、クラシック音楽の持つ力で下支えできていると考えられます。

つまり映像作品にクラシック音楽を使うことで、制作側は絵だけでなく音で物語の世界観を増幅でき、またクラシック音楽そのものが持つ歴史を付与し、さらに視聴者の受け取り方に厚みを持たせるという二重三重の構造を作ることができるのです。アニメの世界観が大きければ大きいほど、クラシック音楽を挿入する価値があるといえます。アニメがヨーロッパ各国で広く受け入れられて好まれるのには、こうした文化的基礎要素であるキリスト教の要素が入っていることも大きく影響しているのではないでしょうか。

第6章

# 運動会と クラシック音楽

*I should be sorry if I only entertained them.*
*I wish to make them better.*

—— Georg Friedrich Händel

楽しませただけであったら申し訳ない。
私は彼らをより良くしたいのです。

——ゲオルク・フリードリヒ・ヘンデル（作曲家・1685-1759）

# 運動会の行進曲は英国の香り

身近にあるクラシック音楽を思い出す際には、学校という場が欠かせません。第1章のように、清掃の時間にモーツァルトを使うなど、時間のメリハリをつけて注意喚起のために音楽を使う場合もよくみられます。学校教育においては、耳から入る情報で行動を促す、または気持ちを切り替えるという心理的作用を利用した効果的な手法です。

音楽がそこにあるだけで、なんとなくそんな気持ちになるという感覚に覚えがある方も多いことでしょう。クラシック音楽はそんな学校シーンによく登場します。そして特に、学校生活のメインイヴェントである運動会でクラシック音楽が効果的にたくさん使われているのです。

まずは、運動会の開会式です。入場行進曲として代表的なものはイギリスの作曲家エドワード・エルガー（1857〜1934）作曲の**行進曲「威風堂々 作品39」第1番**でしょう。この楽曲はそもそもタイトルが行進曲と記載されています。エルガーが1901年から1907年にかけて1番から4番までを作り、第5番は1930年に作曲しています。第6番は完成することなく亡くなってしまいました。その後作曲家のアンソニー・ペインによって第6番が完成されて現在に伝わっています。

この行進曲集の第1番は、初演時すでにアンコールを求められたほど好評を博したといわれ、特にイギリスで人気のある楽曲です。オリジナルのタイトルは「Pomp and Circumstance」で、これはシェイクスピアの戯曲『オセロ』第3幕第3場から取られています。直訳をすると〝華やかさと物々しさ〟といった意味となります。明治時代に日本で紹介された『オセロ』の訳文から取られたとされる「威風堂々」は、かなりの意訳ではありますが、原典のシェイクスピアの戯曲とも楽曲の雰囲気とも合い、またイギリス王室に愛され第二の国歌ともいわれるこの楽曲の伝統性や正統性から考えると、名訳といえるでしょう。

エルガーは47歳でナイト、74歳では準男爵にも叙され、当時国王の音楽師範を務

エルガー作曲
行進曲「威風堂々」
第1番

め、ついにはイギリス第二の国歌の生みの親となった名誉も地位もある人物として知られていますが、はじめからそのような特別な作曲家ではありませんでした。特別裕福でもない一般家庭に生まれたエルガーは後ろ盾などもなく、経済的には苦労した青年期を送りました。作曲だけでは食べていくことができず、ヴァイオリンやピアノを教えたりしながら作曲活動を続けています。

29歳の時、ピアノを習いに来た8歳年上のキャロライン・アリス・ロバーツに恋をします。陸軍少佐の娘であるアリスとの結婚は、身分や宗教が違うことやエルガーの社会的経済的な問題などで周囲が猛反対をしますが、ふたりの愛は変わらず、婚約を果たすのです。この時にエルガーがアリスに贈った楽曲があの有名なヴァイオリンとピアノの曲「愛の挨拶 作品12」です。今でも結婚式などでよく使われていて、誰もが一度は聴いたことのある美しい楽曲です（37ページ参照）。

そんなエルガーが作った「威風堂々」第1番は、運動会の他、入学式や卒業式といった式典の際にもよく使われています。また日本だけでなく、アメリカでも同様に入学式の入場など格式の高い場面で多く使われるのです。加えてイギリスでは、クラシック音楽最大のイベント、ＢＢＣプロムスの最終夜に必ず演奏され、中継や各地公園などでのパブリックビューイングの中、一斉に歌われるという大切な楽曲でもあります。しかもこのプロムスでの「威風堂々」の演奏はなんと１９０２年から、つまり１２０年以上も続く伝統があります。

こうした格式高い面がある一方で、親しみやすいメロディもあって、さまざまなシーンでＢＧＭとして多用されています。２０１５年公開のスパイ映画『キングスマン』（マシュー・ヴォーン監督）では、イギリス上流階級に対する強烈な皮肉をもって「威風堂々」を挿入しています。また日本のアニメ『あたしンち』では、エンディングテーマとして日本語の歌詞が付けられています。イギリスで「栄光と希望の国」と歌われているこの曲が、日本では♪来て来てあたしンち〜♪とかなりプライベートでフランクな歌として人気があるというのも面白いものです。

運動会の行進のシーンでこの曲が流れると、エリザベス女王を思い出す人もいれば、カーリーヘアで独特の喋《しゃべ》り方をする〝みかんのお母さん〟を思い出す人もいるなんて、楽しいですね。

## 頭の上のリンゴを打ち抜く競技はないけれど

さあ、運動会の競技の始まりです。生徒たちの闘争心を煽《あお》るようにこんなシーンではジョアキーノ・ロッシーニ（1792～1868）作曲の**オペラ《ウィリアム・テル》序曲・第4部「スイス軍隊の行進」**がよく登場します。トランペット、ホルン、ティンパニが奏でる盛大なファンファーレに続いて、テンポの速い曲が続きます。馬が疾走する様子を表しているギャロップ（169ページ参照）のようなこの楽曲は、これから始まる徒競走やリレーのＢＧＭにぴったりです。

競争心を高めるこの楽曲は、１９８０年代に人気を博したバラエティ番組『オレたちひょうきん族』にも使用されていたので、聞き覚えのある人も多いことでしょう。子どもの運動会に参加した昭和世代のお父さんお母さんの頭の中には、のちに〝世界のキタノ〟となった北野武のタケちゃんマンや、明石家さんま扮《ふん》するアミダばばあがチラチラしてしまうことが避けられず、競技観戦に集中できないという弊害もありま

ロッシーニ作曲
オペラ《ウィリアム・テル》序曲・第4部「スイス軍隊の行進」

す。

オペラ《ウィリアム・テル》は、フリードリヒ・フォン・シラーが１８０４年に書いた戯曲『ヴィルヘルム・テル』(ドイツ語)を元に、１８２９年にロッシーニがオペラ《ギヨーム・テル》(フランス語)として作曲したものです。物語の終盤に、主人公テルは軍人の総統から反感をかい、息子の頭の上に載せたリンゴを弓で射よと命じられます。このシーンの挿絵が音楽の教科書などに使われることから、ウィリアム・テルといえば頭の上のリンゴ、というイメージが浸透しているようです。

作曲家ジョアキーノ・ロッシーニは１７９２年にイタリアで生まれました。18歳でオペラ作曲家としてデビューするという、早咲きの神童です。《ウィリアム・テル》や《セビリアの理髪師》など生涯に39のオペラを作曲し、また宗教曲や管弦楽曲などさまざまな作品を多く遺しています。

イタリアのオペラ界で活躍したのち、フランスに移りフレデリック・ショパンやジョルジュ・サンド、オノレ・ド・バルザックら当時のフランスの文化人たちと交流を深めました。しかし音楽家として生活していたのは37歳まで。この《ウィリアム・テル》を最後に作曲をやめてしまいます。

作曲をしなくなったロッシーニは、美食家として一流の文化人たちに美味しい食事と音楽でもてなすサロンを運営します。フォアグラとトリュフを使ったフランス料理に、ロッシーニ風と名付けられているものが多くあることも、実はこの作曲家ロッシーニが大いに関係しているのです。自分も大好きな、そして贅沢《ぜいたく》なこれらの食材で美味しい料理を作りたい。ロッシーにはそんな食への飽くなき追求心もありました。自分のサロンに人を招く際、大好きなフォアグラとトリュフをいっぺんに食べてほしいとレシピの開発も行いました。どれもカロリー高めで、間違いなく美味しい一皿を次々とプロデュースしていったのです。

作曲をやめる際にも、「トリュフを探す豚を飼育したいから」と周囲に言っていたのだとか。その食に対する好奇心と熱心さが垣間見えます。

こうした美食サロン活動ができるのも、ロッシーニ自身が、作った楽曲やオペラが演奏されるたびに自分に著作権の使用料が入るように興行主と交渉し、楽譜に対しても作家に印税が入るようにビジネス上も強《したた》かに生きていたからでもあります。こうした有能なビジネスマンとしての側面が、美食への飽くなき追求を支えていたようです。ロッシーニのあの、ふくよかで幸せそうに笑っている貫禄と多幸感満載の肖像画は、それを現在も伝えているようです。

## 借り物競走BGMの最適解は噂話のポルカ

運動会では単に脚の速さを競うだけでなく、障害物競走や借り物競走などさまざまな趣向が凝らされて競技が行われます。その代表はやはりパン食い競走でしょう。真剣勝負の中にそこはかとないお菓子、いや可笑しみを加えたレースでもあります。そんなパン食い競走によく使われているのが、ヨハン・シュトラウス2世（1825〜99）が1858年に作曲した「**トリッチ・トラッチ・ポルカ イ長調作品214**」です。

ポルカとは速いテンポと弾むようなリズムが特徴のダンスの曲を指します。元日の夜に中継されるウィーン・フィルハーモニー管弦楽団のニューイヤーコンサートなどでもお馴染みの曲です。またNHK・Eテレの子ども番組『クインテット』や『ハッチポッチステーション』でも使われていたため、子どもたちに認知度の高い楽曲でも

シュトラウス2世作曲
「トリッチ・トラッチ・
ポルカ イ長調」

あります。

シュトラウス2世はワルツ王と呼ばれています。オーストリアの第二の国歌ともいわれるあの「美しく青きドナウ」（87ページ参照）の作曲家です。父親ヨハン・シュトラウス1世、弟のヨーゼフ、エドゥアルトと共にシュトラウス一家のワルツは今も世界中で演奏され続けています。

とはいえ、シュトラウス2世は恵まれて育ったわけではありません。父シュトラウスは当時の民族的舞踏のひとつだったワルツの芸術性を高め、多くの作品を残しました。「**ラデツキー行進曲　作品228**」も父シュトラウスの作品です。父シュトラウスはヴァイオリンを弾きながらオーケストラを指揮し、舞踏会に音楽を添えて成功しました。

ただ、シュトラウス2世の母や弟たちのいる家には寄り付かず、生涯愛人の元で暮らします。それどころか、お金を家に入れることもせず、一方でシュトラウス2世が音楽家になろうとすれば、それを全力で阻止しようとまでしました。なけなしのお金で買ったシュトラウス2世のヴァイオリンを叩き割ったなど、辛い仕打ちを重ねてい

シュトラウス1世作曲
「ラデツキー行進曲」

ます。

それでも、シュトラウス2世はなんとか自力で音楽の勉強を続けます。自分で若手演奏家たちを集めてオーケストラを作り、演奏会を企画しますが当時のウィーンでは18歳は未成年で公に仕事をする資格はありませんでした。そこでシュトラウス2世は役所へ直談判に行き、自分たち家族の窮状を訴え、稼がなければ生きていけないんだ、弟たちを食べさせてやれないんだと詰め寄ります。その必死さが受け入れられコンサート開催の許可を得たのです。そしてその後、父の楽団を超えるほど人気を博し、ウィーンの舞踏会シーンを作り上げました。

食うや食わずの生活をしながら、歯を食いしばって稼ぎ、音楽の道に進んだシュトラウス2世の楽曲を、今では人からものを借り、あんパンを食べて走り去っていく競技のBGMにするのは、少々心が痛んでくる気もします。

また、トリッチ・トラッチとはぺちゃくちゃお喋りをする、噂話《うわさばなし》をする、という意味のドイツ語の言葉遊びです。ウィーンには当時、"Tritsch-Tratsch"という著名人のゴシップネタを掲載した雑誌があったことから、シュトラウス2世がこの名前をつけたポルカを作ったとされています。

軽快なメロディはまさに、街角を高速で駆け抜ける噂話のようで、その内容はおそらく大体が良くない噂のあれこれでしょうから、そんなウィットの効いたこの楽曲が、運動会のちょっとひねった借り物競走に使われるのも、なかなか味わい深いものがあります。

## 運動会には天国も地獄もある

現在、令和になった日本の運動会では順位だけにこだわるのではなく、ひとりひとりが自分のベストを尽くせばよいという絶対評価で行われている学校もあるそうです。しかし昭和世代には運動会といえば、徒競走やクラス対抗リレーの順位や、玉入れの個数に至るまですべてが点数化され、勝てば担任の先生がアイスクリームを買ってくれるなどという、ニンジンをぶら下げられて頑張ったものです。

こうした、勝てば天国・負ければ地獄の様相を、音楽に乗せていることをご存知でしょうか。ジャック・オッフェンバック（1819～80）作曲の、**オペレッタ《天国と**

オッフェンバック作曲
オペレッタ《天国と地獄》序曲

**地獄》序曲**です。運動会に使われる軽快なメロディ、まるで疾走しているかのようなテンポの速い印象的なメロディです。この部分は、カンカン（ギャロップ）とも呼ばれており、序曲の中だけでなく、第3幕でも歌詞をつけられて演奏されます。日本では運動会だけでなく、文明堂のCMにも長く使われています。「カステラ1番　電話は2番　3時のおやつは文明堂〜♫」という歌詞でお馴染みですね。

オペレッタは喜歌劇とも訳されており、オーケストラでの演奏と歌に加え、セリフがあるのが特徴です。19世紀後半にパリやウィーンで大流行しました。この《天国と地獄》は元のフランス語の劇タイトルから《地獄のオルフェ》とも訳されているギリシャ神話が元になったストーリーです。

オッフェンバックは、ドイツで生まれフランスで活躍した作曲家です。もともとはチェリストで、オーケストラで演奏したりもしていました。早くから作曲も行っており、1855年にはブフ・パリジャン座という劇場も自らオープンします。経営者になったというわけですね。

この劇場でオッフェンバックは自作品を上演します。当初は一幕ものの小さな演目を上演していましたが、より大きな舞台で観客の動員増を目論《もくろ》みます。それでオペレッタを作るようになるわけです。コミカルで、話の筋もわかりやすいオペレッタは、当時のパリの大衆に大好評で、劇場は大繁盛します。よかったですね。

自分でビジネスをしている方は身につまされることですが、経営はまさに天国と地獄、いや、天国か地獄です。経営だけでなく自分で作品まで作っていたオッフェンバックは、劇場の動員というマネジメントの側面だけでなく、作品の評価という芸術家としての側面も民衆にジャッジされるわけです。どれだけのプレッシャーがあったことでしょう。

これに耐えうる精神力と胆力にあやかって、運動会でも頑張ってアイスクリームを勝ち取ってほしいものです。担任の先生はどちらにしても天国と地獄がセットなのですが。

## 徒競走の大定番はやっぱりギャロップ

日本中が知っていると断言してもしすぎではないのが、徒競走の大定番「**道化師のギャロップ**」でしょう。もはや走る時専用の楽曲といってもよいくらい運動会にぴったりですが、もともとはダンスの楽曲です。ギャロップとは、馬が疾走する様子を表す踊りのことで、1800年代初期にウィーンで大流行したといわれています。

ウィーンの社交界では当時からダンスは大事な要素で、有名なところではワルツですが、ギャロップやポルカといった違う種類のダンスも舞踏会で踊られています。ウインナーワルツ（ウィーン風のワルツ）も、傍目《はため》には優雅に見えるのですが、実はかなりハードな運動量を要します。男女カップルで燕尾服《えんびふく》とロングドレスで美しく回っている様子に惑わされてはなりません。

このギャロップはさらにハードなダンスで、男女ペアだけでなく、周囲の人々と大きな輪になってぐるぐると高速回転をしながら踊るタイプのダンスです。体力勝負の

カバレフスキー作曲
「道化師のギャロップ」

上に、バランス感覚を求められ、さらには周囲の様子も瞬時に把握しなければならないという高度なダンスなのです。あまりに高速で回って踊るのでカツラは飛ぶ（当時上流階級ではカツラをつけるのが正装とされていました）、ドレスは破れる、ハードすぎて呼吸困難になる人は続出するで、大騒ぎだったよう。さらには転んだだけでなく、床にいる人を踏んでしまったりと怪我人が絶えず、とうとう「健康上よろしくない」とお上からギャロップ禁止の通達が出たりするほどでした。人々を熱狂させる要素がこの音楽にはあるようです。

ギャロップのそんな疾走感をそのままに、管弦楽の組曲に取り入れたのがこのドミトリー・カバレフスキー（1904～87）の「道化師のギャロップ」です。カバレフスキーはロシア生まれの作曲家で、管弦楽曲だけでなく歌曲やオペラも残しましたが、とりわけ子ども向けのものに注力し、著作も残しています。音楽教育にも熱心で、子どもがどのように音楽に耳を傾けるのか、また演奏技術を習得していくかを研究しました。

「道化師のギャロップ」も、ダニエリ・Mの児童劇『発明家と道化役者』のために作曲した16曲の付随音楽の中の一曲です。子どもに寄り添って作曲活動を続けたカバレフスキーの想いが、今も小学校や中学校の児童生徒たちの心にまっすぐ届いているのでしょう。

## 休日くらい好きなようにしたいラッパ吹き

身長順や持ちタイム順に整列をさせられて、次から次へとスタートのホイッスルが鳴らされる。スターターピストルの空砲だった学校もあるでしょう。そんなせわしない状況に、応援席からは大きな声援と拍手。それだけでももう音はカオスです。その混沌としたエキサイティングな状況をさらに盛り上げているのが、ルロイ・アンダーソン（1908〜75）作曲**「ラッパ吹きの休日」**でしょう。その印象的なトランペットの旋律は誰の心もわくわくと躍ってくること間違いありません。

アンダーソンはスウェーデン人移民の両親を持つアメリカ生まれの作曲家です。幼い頃から教会でのオルガン演奏に興味を持っていたという利発な男の子で、ハーバード大学で音楽理論を学び、また同時に、多くの言語を習得して言語学で博士号も取っ

アンダーソン作曲
「ラッパ吹きの休日」

たという研究者でもあります。

言語学者として活動しながら、アンダーソンは音楽を常に意識していました。ハーバード大学の学生歌の編曲をした際、そのオーケストレーションの完成度の高さが評価され、作曲をするようになります。第二次世界大戦中は軍に務め、戦後になって音楽の世界に飛び込み、商業音楽で大成します。

アンダーソンは伝統的なクラシック音楽というよりはむしろ、民族音楽や大衆化した軽音楽に影響を受けていました。またジャズをベースにしたオーケストラ楽曲も作るなど、クラシック音楽とその他の分野を、民衆にわかりやすく融合させているところが人気となったといわれています。あの映画音楽の巨匠ジョン・ウィリアムズから「アメリカンポップスの巨匠」と称されている偉大な作曲家となっています。彼の多くの作品がレコード、CDとして世界に広まり、日本でも紹介されるようになりました。アンダーソンの完成度が高く親しみやすい音楽が、日本人の心にもすっと入ってきたといえるでしょう。

そんな一曲「ラッパ吹きの休日」は、冒頭からとめどなくトランペットのメロディが続く楽曲です。こんなに吹かされるなんて、休日返上ではないかなどと冗談を言われるほど忙しく吹き続ける勢いがあります。

アンダーソンとしては、軍で使われるラッパは時刻や行動の合図であり、式典のために決められた演奏しかできないことから、休日くらいは好きな音楽をめいっぱい吹きたいだろうという思いが込められているとか。音楽好きだからこそ出てくる発想ですね。いつも仕事に追われているビジネスパーソンのみなさまには、その思いがよくわかるのではないでしょうか。

休日くらい好きなようにこの音楽と一緒に大きな声を出し、お父さんお母さんも運動会の応援をして、そしてたまには一緒に走ってみるのもよいかもしれません。

## 急かされてる感が半端ない楽曲

畳み掛けるようなリズムと、これでもかと後ろから攻め立てるようなメロディを持つのが、アラム・ハチャトゥリアン（1903〜78）作曲の「**剣の舞**」です。打楽器の荒々しいリズムと、木管楽器と木琴で奏でられる印象的なメロディがこの楽曲の面白

ハチャトゥリアン作曲
バレエ《ガヤネー（ガイーヌ）》より「剣の舞」

さを象徴しています。金管楽器は時折火を吹くように大きく鳴らされます。

この剣を持って激しく舞うイメージは、クラス対抗全員リレーなど運動会のクライマックスによく合います。この曲をかけられると、リーダー的なスポーツ万能少年が、腕をぐるぐる回して友達を鼓舞する様子まで目に浮かぶようです。

アラム・ハチャトゥリアンはソビエト連邦時代、現在のジョージアで生まれた作曲家です。アルメニア、アゼルバイジャン、ジョージアなどコーカサス地方の民族音楽に精通して、影響を大きく受けています。楽曲がどこかエキゾチックなのは、そうした背景があるからと考えられます。

年代を見るとつい最近まで生きていたのだと、昭和世代が思うような近代の作曲家です。１９６３年には日本に来てオーケストラの指揮もしています。クラシック音楽の偉大な作曲家は指揮者でもあることが多く、ハチャトゥリアンもそうした音楽家のひとりです。生きたハチャトゥリアンに出会え、演奏を聴いた経験のある人が羨《うらや》ましいですね。

この「剣の舞」は１９４２年に作られたバレエ《ガヤネー（ガイーヌ）》の中の一曲です。ソビエトの農村で生きる女性と若者たちの出会いと、嫉妬や友情が表現される演目です。原典ではコルホーズ（集団農村）の人々と、当時のソビエト社会の情勢が色濃く表された物語でしたが、改訂されて社会的な側面を排除し、恋物語メインのお話になっています。

「剣の舞」はハチャトゥリアンの最初の構成には入っていませんでしたが、舞台初演前日になってから急遽《きゅうきょ》「クルド人が剣（正確にはサーベル）を持って戦うシーンを入れたい」という要望があり、慌てて作曲したというのです。その際のハチャトゥリアンが時間に追われ、必死で作っていた感じ、慌てふためきながら音符を書いた疾走感がこの曲の根底にあります。だからこそ、運動会にもぴったり合うのかもしれません。急拵《きゅうごしら》えで作ったこの曲はその後大変な人気となり、バレエ以外でも演奏されるようになりました。今ではハチャトゥリアンの代表曲といってもいいでしょう。

当の本人はその評価を良く思っていなかったようです。時間をかけて作った楽曲よりも、しかたなく前日になんとか捻《ひね》り出したもののほうが評価されるのですから、気持ちはわかるような気がします。人生とはままならないものです。

# パン食い競走と「クシコス・ポスト」

さて運動会の競走シーンで絶対に忘れてはならない一曲をご紹介したいと思います。どの競技に使われてもしっくりくるあの曲、「**クシコス・ポスト**」です。運動会に相応《ふさわ》しい曲というよりもむしろ、運動会のための曲として認識されているかのようです。

畳み掛けるようなリズムとメロディが戦いや競争にマッチしているようで、現在ではゲームのＢＧＭとしても使われています。代表的なものでは、恋愛シミュレーションゲーム「ときめきメモリアル」（コナミ）での体育祭シーンや、「ヨッシーのクッキー」（任天堂）での対戦パートなどです。いずれもこの曲の主旋律がしっかりとわかる編曲で使われており、認知度の高さをうかがえます。

「クシコス・ポスト」はドイツの作曲家ヘルマン・ネッケ（１８５０〜１９１２）の作品です。もともと音楽教師であったこと、地域消防団の音楽隊を率いて演奏技術の向

ネッケ作曲
「クシコス・ポスト」

上に努めたことは知られていますが、同時代に活躍していたヨハネス・ブラームス（1833〜97）やグスタフ・マーラー（1860〜1911）らに比べると作曲家として有名だったわけではありません。ただ、地域社会に根付いて音楽文化を一般市民に親しめるように尽力してきたことは大きな意味があったと考えられます。生涯を通して300曲以上を作曲しました。

そんなネッケの代表作ともいわれるのが、この「クシコス・ポスト」です。日本語では以前「クシコスの郵便馬車」と紹介されたこともありますが、現在は原題の発音に近い「クシコス・ポスト」で表記されています。クシコス（チコスとも）とは、ハンガリーの騎馬放牧民を指す言葉です。騎馬民族の用いたハンガリー的（クシコス）な乗馬配置（ポスト）のことを指していると考えられています。ポストという単語が郵便を指す単語でもあることから、日本で初めて紹介された際に意味が混同されてしまったのではないかと考えられます。

そんな、ある意味マイナーな作曲家のギャロップ楽曲がこれほど日本で親しまれるようになったことにも、面白い経緯がありました。明治時代に日本でこの曲を紹介したのは雅楽奏者（宮内省雅楽所の山井基清氏とされる）だったというのです。その後昭和になって、ハーモニカ演奏の楽曲として楽譜も出版されています。

ハーモニカ（西洋横笛）は明治期にすでに日本に入っており、昭和になって国産の楽器も作られるようになっています。口から息を吹き込むだけで音が出せるという簡単な作りにもかかわらず、和音も発音できるなど高度な演奏技術で音楽を奏でることができるこの楽器は、一般にも広がりました。ピアノや弦楽器に比べて値段も安かったことから教育現場にも浸透します。幼稚園や小学校低学年でハーモニカの学習をした方も多いでしょう。

このハーモニカの一般化が、「クシコス・ポスト」の認知度を上げたようです。そして、「運動会に合う！」とどこかの誰かが発見して以降、こうして今もこの楽曲がネッケの主要作品として現在の日本に伝わっているのです。

日本ではときどきこうしたガラパゴス的な西洋文化の取り入れと発展がみられます。西洋のパンと日本の餡《あん》こを合体させたあんぱんを競走に使うその裏で、独自に広まった楽曲をもBGMとして使用する、という日本人の文化的な発明力は、運動会の中にも存在しているのです。

# もはや表彰式のための曲

さて競技がすべて終了し、結果発表の閉会式が行われます。その頃には汗と土に塗《まみ》れて日焼けした顔が校庭に並んでいることでしょう。1位になったクラス、2位に泣いた組。そもそも楽しんだだけでよかった生徒たちなど、悲喜交々《こもごも》を彩るのはなんといっても賞状の授与ではないでしょうか。そんな閉会式で使われているあの曲、実はクラシック音楽の一部だったことはご存知でしょうか。曲を聴けば絶対にわかる、いや、それよりも「あれは表彰台のために作られたものではないの?」と驚かれること請け合いです。

「たーん　たーた　たーんたーん　たたたたたんたんたーん」

ああ、表彰状を手渡されるシーンが目に浮かびます。

実はこの楽曲はゲオルク・フリードリヒ・ヘンデル（1685〜1759）の作った**オラトリオ《ユダス・マカベウス HWV.63》**の一曲、「**見よ勇者は帰る**」の旋律な



ヘンデル作曲
オラトリオ《ユダス・マカベウス》より「見よ勇者は帰る」

のです。1750年にこのオラトリオが再演された際、この「見よ勇者は帰る」が追加の曲として入れられたといわれています。1750年といえば日本は江戸時代、9代将軍家重の頃です。

オラトリオは日本語で聖譚曲《せいたんきょく》と呼ばれ、主に宗教的題材に基づいた叙事的な内容を音楽で表したものです。衣装を着て演技をするオペラとは違って、音楽と歌でシーンを表現する手法をとります。

作曲家ゲオルク・フリードリヒ・ヘンデルは神聖ローマ帝国時代のドイツ出身です。当初はイタリアで活動していましたが、成功した後にイギリスに移り帰化しています。ヘンデルの音楽では特に「ハレルヤ」と歌う「メサイア HWV.56」の冒頭は有名です（151ページ参照）。一度は聴いたことがあるという人がほとんどではないでしょうか。それから、**オペラ《リナルド》**の中のアリア「**私を泣かせてください**」も同様に、日本でもドラマの挿入歌などでよく使われる楽曲です。ヘンデルという名前を知らなくても、こうして日本でも大変親しまれている楽曲を作った作曲家です。

ヘンデルは帰化したイギリスで、現在でも大変重要な作曲家として扱われていま

ヘンデル作曲
オペラ《リナルド》より
「私を泣かせてください」

す。特に王室の重要な行事でヘンデルの音楽が必ずといっていいほど登場します。1981年のチャールズ3世（当時皇太子）とダイアナ妃との結婚式や、2018年のヘンリー王子とメーガン妃の結婚式、そして2023年チャールズ3世とカミラ王妃の戴冠式などに登場しています。楽器演奏の部分だけでなくコーラスも入ったヘンデルの楽曲が、王室の伝統と格式と相まって厳かな雰囲気を演出しています。

こうした格式の高さを持つヘンデルの楽曲が、表彰台を彩るのも納得がいくというものでしょう。

ヘンデルはこう言っています。

"I should be sorry if I only entertained them. I wish to make them better."
（楽しませただけであったら申し訳ない。私は彼らをより良くしたいのです）

今日一日必死に走った人のその時間は、単に楽しみのためだけでなく、より良い自分になるための一日であったことをヘンデルの表彰式の音楽で再確認したいものです。今日の戦いに勝利した者だけでなく、すべての頑張った人たちと共に。

第7章

# 結婚式とクラシック音楽

*La musique exprime*
*ce qui ne peut être dit*
*et sur quoi il est impossible*
*de rester silencieux.*

—— Victor Hugo

音楽は言葉で表せないもので、
しかも黙っていられないものを表現する。

——ヴィクトル・ユーゴー（小説家・1802-85）

# クラシック音楽と著作権

クラシック音楽を耳にするシーンとして最も例に上がるのは、結婚式や披露宴ではないでしょうか。新郎新婦が自らBGMを選ぶ場合でも、会場側が選択楽曲のリストを用意していることがほとんどです。入場や、乾杯、花束贈呈などシーンごとにさまざまなジャンルの楽曲がラインナップされています。どれにしようか、何が相応《ふさわ》しいか、ふたりの思い出の曲もあったりして。候補が多くて迷ってしまうのもまた楽しいものです。

会場側が楽曲リストを作っているのは、おすすめの楽曲を教えてくれているだけではありません。そこには原盤、つまりレコードした商品の権利と楽曲使用料が関わってくるからなのです。

楽曲にはまず、いわゆる著作権があります。曲を作った人、歌詞を作った人、またその権利を持つ人や法人などそれぞれに、楽曲の使用料を支払わなければなりません。この使用料の徴収や配分を代行しているのが著作権管理団体です。日本では日本音楽著作権協会（ＪＡＳＲＡＣ）などがそれにあたります。ただしＪＡＳＲＡＣなどの管理団体が管轄しているのは著作権だけです。音源そのものの権利を持っているレーベルなどへの原盤権や演奏者の権利（著作隣接権といいます）については、ＪＡＳＲＡＣが徴収するわけではないことに注意が必要です。

つまり、録音された楽曲を使おうと思ったら、ＪＡＳＲＡＣなどへの支払いと共に、音源の権利を持つレーベル等に許諾を得て使用料を支払わなければならない、ということになります。ですから、たとえ著作権保持期間の過ぎたクラシック音楽であっても、そこで〝音源を再生する〟ためには使用料が発生するというわけです。

披露宴会場などでは、ＪＡＳＲＡＣなど管理団体との契約をした上で、こうした権利処理や原盤権の使用許諾などの交渉と処理が終わっている〝権利関係がクリア〟な音源のリストを持っています。安心して使えますね。そしてその中にはクラシック音楽が数多くラインナップされています。おそらく誰もが一度や二度は聴いたことがある名曲ばかりです。

これらの楽曲について詳しく知れば、選びやすくなることはもちろん、出席してくださったお客様の中にクラシックをお好きな方がいらっしゃればさらに、話も弾み心が温かくなるに違いありません。これから結婚式の準備をされる方はもちろん、披露宴でお祝いする側のみなさまにも、そんな気持ちが盛り上がる楽曲をご紹介します。

## 音楽の父バッハにあやかって

日本ではキリスト教信者かどうかによらず、キリスト教式の結婚式を挙げるカップルも多くいます。披露宴会場やホテルでも結婚式用のチャペル施設を併設しているところもあります。こうした式ではBGMにクラシック音楽が多用されています。代表的なものはJ・S・バッハ作曲の「主よ、人の望みの喜びよ」や、「G線上のアリア」です（22ページ参照）。

一族に音楽家が多いJ・S・バッハは、自身も幼い頃から音楽教育を受けています。教会の聖歌隊で歌い、変声期ののちはオルガニストとして教会音楽に従事しました。また、ヴァイオリンも演奏でき、作曲も手掛けていたJ・S・バッハは宮廷音楽家としても活動するようになります。教会や貴族などの雇い主の求めに応じて作曲し、生涯を通して1000曲以上を作曲したといわれています。

こうしたバッハの作曲家としてのあゆみや作品から、キリスト教式の結婚式に相応しい楽曲であることがわかります。「主よ、人の望みの喜びよ」も、1723年に作曲された教会カンタータ（歌のある楽曲）の「心と口と行いと生活で（BWV.147）」の一節です。生き生きとした雰囲気と荘厳さを併せ持つ名曲です。

「G線上のアリア」は、元はJ・S・バッハが作曲した**「管弦楽組曲第3番ニ長調BWV.1068第2曲 Air」**の部分を、ドイツのヴァイオリニスト、アウグスト・ウィルヘルミがピアノ伴奏付きのヴァイオリン独奏のために編曲したものを指します。ウィルヘルミが編曲したバージョンでは、ヴァイオリンの4本の弦のうち最も低い音を出せる弦（G線）だけで演奏できることから、「G線上のアリア」と呼ばれるようになりました。

J・S・バッハはプライベートでは1人目の妻を病で亡くしたのちに再婚しており、2度の結婚で20人の子どもをもうけています。「音楽の父」は、実生活でも偉大



J.S.バッハ作曲
「管弦楽組曲第3番
ニ長調第2曲 Air」

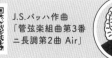

な父親でした。2人の妻を慈しみ、多くの子どもをなし、作曲家となる息子たちを育てました。色恋沙汰が多く、愛憎まみえるクラシック音楽作曲家たちの中でひときわ輝く良き夫、良き父ぶりです。そんな「音楽の父」、良き家庭人のバッハの姿にあやかって、ぜひ結婚式でこれらの楽曲を選んでほしいものです。

## 過去と今を繋ぐパッフェルベルのカノン

メロディを耳にするだけで涙が出そうになる、そんな感想の多い楽曲「**パッフェルベルのカノン**」は、結婚式だけでなく卒業式でもよく使われています。このタイトルは通称で、正確にはドイツの作曲家ヨハン・パッフェルベル（1653〜1706）の作曲した「**3つのヴァイオリンと通奏低音のためのカノンとジーグ　ニ長調**」の前半部分のカノンを指しています。

パッフェルベルは、現在のドイツ、ニュルンベルグに生まれました。少年時代から教会の音楽指導者らに音楽を学び、オルガンを演奏するようになりました。成長後は



パッフェルベル作曲
「パッフェルベルのカノン」

さまざまな土地の教会音楽に従事し、一時期はJ・S・バッハの父や親戚ら、バッハ一族とも親交があったようです。幼い頃のJ・S・バッハとも会っていたのではといわれています。パッフェルベルは生涯を通してオルガン奏者として働き、作曲家として教会音楽のオルガン楽曲や室内楽など200曲以上の作品を残し、有能な教師だったとされています。

通称「パッフェルベルのカノン」のカノンとは音楽用語のひとつで、1つのメロディを複数のパートが追いかけるように演奏していく演奏様式を指します。「かえるの歌」を少しずつずらして歌う輪唱もカノンのひとつです。

この「パッフェルベルのカノン」は、とてもわかりやすいメロディが繰り返されて、重ねられている明快な構成です。単純な構成ですが、逆にこれが親しみやすさに繋《つな》がっていると考えられます。耳に馴染《なじ》み、覚えやすく、そして心にすっと入ってくる要素が、このカノン進行にあるようです。他にもベートーヴェン作曲の「第九」の第4楽章にも、カノン形式が取り入れられてます。

パッフェルベルの「3つのヴァイオリンと通奏低音のためのカノンとジーグ ニ長

パッフェルベル作曲
「3つのヴァイオリンと通奏低音のためのカノンとジーグ ニ長調」

調」という元の楽曲名に使われている通奏低音というのは、ヨーロッパで17世紀から18世紀頃のバロック音楽時代に用いられた手法を指します。低音部分の旋律に音を足し和音にして（ハモる、というとわかりやすいかもしれません）演奏する様式です。これがポップスなどのコードの考え方に繋がります。コード進行を決めて、歌を乗せていく作曲やアレンジ手法はポップスの主流です。

コードを繰り返してメロディを乗せるというまさに「パッフェルベルのカノン」のような楽曲（カノン進行）は今でも多く作られています。例えばビートルズの「Let It Be」もそれに当たります。マルーン5の「Memories」は、カノン進行のコードを持つだけでなく、冒頭部分のメロディがまさに「パッフェルベルのカノン」で、やはりこれも結婚披露宴の定番ソングになっています。

古くヨーロッパで発達した音楽の考え方、作曲手法が現在も繋がっていると思うと感慨深いですね。歴史や人と人とを繋いで、今に伝わっているという視点から考えても、この「パッフェルベルのカノン」は結婚式や披露宴などに相応しい楽曲といえるでしょう。

ビートルズ
「Let It Be」

マルーン5
「Memories」

# 夜を想う曲と小さな夜の曲

披露宴の出席者が集まって開演を待っている間や親族控室などでは、「**ノクターン第2番変ホ長調作品9－2**」がBGMに流されている場合がよくあります。フレデリック・ショパン（1810～49）が1831年に作曲したピアノの楽曲です。

ショパンは、フランス人の両親を持つポーランド出身の作曲家です。両親や姉も音楽に親しんでおり、演奏に長けていたことから自然とその環境で音楽を身につけていきます。7歳で作曲も始めています。8歳ですでに演奏会を開くほどのピアノの腕前となり、その後、本格的に音楽を学び、ピアニスト、作曲家として活動しました。

ショパンの作品はほとんどがピアノ独奏によるもので、その美しい曲調から「ピアノの詩人」とも呼ばれています。他にも「**即興曲第4番嬰《えい》ハ短調 遺作 作品66（幻想即興曲）**」や「**ポロネーズ 第6番変イ長調作品53（英雄ポロネーズ）**」など有名曲ばかりで、ショパンのピアノ曲が弾きたくて大人になってからピアノを習いはじめるという

ショパン作曲
「ノクターン 第2番
変ホ長調」

ショパン作曲
「幻想即興曲」

人も少なくない、ピアノ好きの憧れる作曲家です。

ノクターンは「夜想曲」と訳され、自由な発想によって作られた主にピアノのための短い楽曲で、叙情的な雰囲気を持っています。ショパンはこの分野を発展させ、21曲ものノクターンを作りました。どれも自由でロマンティックな楽曲です。英語でnocturne（ノクターン）、イタリア語でnotturno（ノットゥルノ）と表記される場合もあります。フランツ・シューベルト作曲「**ピアノ三重奏曲変ホ長調作品148 D897 ノットゥルノ**」のようにピアノ独奏だけでなく室内楽なども作られています。しっとりとした雰囲気の楽曲を選びたい場合に、夜想曲というタイトルがつく楽曲から探していくのもよいでしょう。

また、同じ夜の漢字を持つ楽曲ジャンルに「小夜曲」があります。こちらはセレナード、あるいはセレナーデという言葉のほうを知っているかもしれません。古代ギリシア時代に、夜に外で恋人のために歌ったものに由来しています。女性が住む家の窓の下で切々と歌い上げ、心を許してもらえるよう訴えかける曲でした。ロマンチック



シューベルト作曲
「ピアノ三重奏曲変ホ長調 ノットゥルノ」

ショパン作曲
「英雄ポロネーズ」

ですね。つまり、もともとセレナードは夜に演奏されるための音楽のジャンルという意味であって、夜をイメージして作曲されたものではありません。その後、複数の楽器による大きな編成でも作られ、貴族の間で音楽のプレゼントとしても機能するようになりました。

モーツァルトの有名楽曲のひとつ「アイネ・クライネ・ナハトムジーク」（19ページ参照）もそのひとつです。ドイツ語のタイトルをそのまま直訳すると「アイネ（ひとつの）・クライネ（小さな）・ナハト（夜の）・ムジーク（音楽）」となります。モーツァルトがこの小夜曲を誰のために思って書いたか、誰に頼まれたのかは明らかになっていません。

また、セレナーデといえばシューベルトが作曲した歌曲と、それをのちにリストがピアノ独奏版に編曲した有名な楽曲もあります。『冬のソナタ』など大人気韓国ドラマシリーズのひとつ『夏の香り』では、全編を通じてこのシューベルトの**歌曲「セレナーデ**」が挿入されています。「美しいひとよ、私のところへ来て！」と甘く歌い上げるこの歌曲は、恋人たちの熱い想いにぴったりです。

夜という漢字を持ち、叙情的なこのふたつのクラシック音楽のジャンルである夜想



シューベルト作曲・リスト編曲
「セレナーデ」

シューベルト作曲
歌曲「セレナーデ」

曲と小夜曲の名をたよりに、夕方から夜のパーティのＢＧＭの選曲を考えてみてはどうでしょう。

## 高らかに乾杯！

いよいよ披露宴が始まり、初々しい新郎新婦を迎えたパーティの始まりです。グラスが高々と上げられ人々の笑顔溢《あふ》れる瞬間に用意されることが多いのが、ジュゼッペ・ヴェルディ（１８１３〜１９０１）の**オペラ《椿姫（ラ・トラビアータ）》の第１幕「乾杯の歌」**です。「酌《く》み交わそう、喜びの酒杯を！」という歌詞で始まる明るく豪華なこの曲が流されるだけで、かつてパリのサロンで繰り広げられた華やかな宴をイメージさせます。

このオペラを作ったヴェルディは、１８１３年イタリア生まれの作曲家で、「オペラ王」とも称されています。幼い頃に音楽の才があると見いだされた利発なヴェルデ

ヴェルディ作曲
オペラ《椿姫》第1幕
「乾杯の歌」

ィは、10歳にしてすでに下宿をしながら音楽を学ぶ苦学生となり、作曲家を目指します。ミラノで作曲を学び、オペラ制作にも取り組みました。

その後作曲家として歩みはじめたものの、なかなかヒット作は生まれず、また妻や子どもたちが病で亡くなるなどの辛い時期もありました。それを乗り越え、ヴェルディはオペラ《ナブッコ》で大成功を収めます。その後シェイクスピアの戯曲を題材にしたオペラ《マクベス》や《オテロ》、エジプトが舞台の《アイーダ》など精力的に数々の傑作を生み出します。

現在でもヴェルディの作品は世界中で演奏、上演されている人気のあるオペラです。**《アイーダ》の第2幕第2場**で演奏される有名な「**凱旋《がいせん》行進曲**」は、オペラ公演の多い東京の新国立歌劇場の最寄駅である初台駅のプラットフォームでもこのメロディが発車音楽として採用されています。またさらに日本でこの曲はサッカー応援歌として定着しています。

オペラ《椿姫》は1850年頃のパリを舞台にした、身分違いの恋人たちの運命を描いた作品です。お互いを思って別れを切り出すも、愛は変わらずに続いていく様が

ヴェルディ作曲
オペラ《アイーダ》第2幕「凱旋行進曲」

切なく描かれています。乾杯の歌も明るく豪華である一方で、これから始まる愛し合うふたりの試練を思うと単に浮かれてばかりはいられない気持ちにさせます。結婚は楽しいばかりではないこと、愛を貫くことは簡単ではないことを、披露宴の初めに流すのは奥が深く、人生への示唆に富んだ良い選曲です。

## メンデルスゾーンの結婚行進曲

美しいウエディングドレスを着て、バージンロードを父親の腕を取って歩く。人生の最も華やかで喜ばしい瞬間です。教会や披露宴会場のドアが開いた時に流されることが多いのが、フェリックス・メンデルスゾーン（１８０９〜47）作曲の「**結婚行進曲**」です。パパパパーンという華々しいトランペットのファンファーレで始まるこの楽曲は、結婚情報誌『ゼクシィ』のＣＭにも使われて広く知られています。

１８０９年ドイツ・ハンブルクで富裕な銀行家の父の元に生まれたメンデルスゾー

メンデルスゾーン作曲
「結婚行進曲」

ンは、ごく幼い頃から音楽教育をしっかりと受け、9歳の頃には演奏会でピアノを弾くほどの神童でした。12歳頃には作曲も手掛けていたといいます。モーツァルトの演奏も聴いたことがあった文豪ゲーテは、メンデルスゾーンも高く評価しています。その後、メンデルスゾーンはゲーテの詩の多くに曲をつけるなど交流を深めました。38歳の短い生涯でしたが、名曲**「ヴァイオリン協奏曲ホ短調作品64」**をはじめ、**「交響曲第4番イ長調作品90 イタリア」**など、数々の卓越した作品を生み出しています。

「結婚行進曲」は、シェイクスピアの戯曲『夏の夜の夢』を題材にした劇付随音楽の中の一曲です。『夏の夜の夢』は、妃と喧嘩をした妖精の王が、ある悪戯《いたずら》をしかけることから始まる、おとぎ話です。目を覚まして最初に見たものに恋してしまう媚薬《びやく》をまぶたに塗られてしまい、ロバの頭をした男を好きになってしまったり、恋人とは違う人を見てしまって好きになる人が現れたりと、魔法のせいで恋のから騒ぎが起こります。しかし最後には魔法が解けて、みんな元のカップルに戻ってめでたし、めでたし……という微笑ましい内容です。

「結婚行進曲」は劇中でまさに結婚の場面で使われていて、絡み合ったカップルが元



メンデルスゾーン作曲
「ヴァイオリン協奏曲
ホ短調」

メンデルスゾーン作曲
「交響曲第4番イ長調
イタリア」

通りになり、幸せそうな笑顔で登場するクライマックスシーンで流れます。

結婚式はおめでたく幸せで楽しい一方で、その準備は大変なものです。準備期間にカップルが険悪になることも少なくなく、親や親戚の意向も絡んで大変な事態になることも。そんな喧嘩や諍《いさか》いという怒濤《どとう》の日々を乗り越えて、結婚の日に辿《たど》り着く。まるでそれは、『夏の夜の夢』の妖精の王様カップルのドタバタ劇のようです。いろいろあったけど、やっとここに辿り着いたね、という実感の湧く曲ではないでしょうか。

実際にこの曲は1858年にのちのドイツ皇帝フリードリヒ3世となるプロイセン王子フリードリヒとイギリス王女ヴィクトリアとの結婚式で演奏されています。これがきっかけとなり、ますますメンデルスゾーンの結婚行進曲は、実際の結婚式でも使われ人気を博すようになりました。


さらにメンデルスゾーンはクラシック音楽界においても、大変大きな業績を残しています。それは、J・S・バッハの偉業の再認識です。J・S・バッハはその死後しばらくは限定的な、教会音楽家としての評価しかありませんでした。しかしメンデルスゾーンは作曲家としてのバッハの偉大さを再確認し、曲の演奏を行ったのです。忘れ去られようとしていたJ・S・バッハが偉大であったこと、後世に残すべき作品を作った作曲家であったことを、メンデルスゾーンによって知らしめたのです。

これがきっかけで今の「音楽の父」バッハがいるといっても過言ではありません。これは現在の音楽史にとっても、大変大きな出来事です。良いところ、優れたところの再発見と再確認をした作曲家であるメンデルスゾーンの楽曲は、結婚という人生の岐路にもぴったりです。

## 誰もが知る美しき結婚行進曲

結婚行進曲といえばもう一曲、誰もが一度や二度は聴いたことのある、〝たーんたたたーん〟のほうの「**結婚行進曲**（**婚礼の合唱**）」があります。こちらはリヒャルト・ワーグナー（1813〜83）の**楽劇**《**ローエングリン**》からの一曲です。

楽劇というのはワーグナーが提唱した新しい総合芸術の考え方で作られたものを指す単語です。独唱や合唱など独立したそれぞれの楽曲が存在し、積み重ねられて構成



ワーグナー作曲
楽劇《ローエングリン》第3幕より「結婚行進曲」

されるというそれまでのオペラとは違って、劇中の音楽が連なり、意味を持たせて続いていくように構成されています。登場人物やシーンにそれぞれのテーマ的な音楽がつけられて、その人物や観念などが明確になり、劇的な展開ができるようになっています。またワーグナーは楽劇のためにバイロイト歌劇場も作るなど、音楽、歌詞、舞台芸術から音響にいたるまですべてに目を光らせた舞台を作り上げました。

こうしたワーグナーの美意識から誕生した楽劇《ローエングリン》はアーサー王伝説や、ケルト神話に登場する騎士をモデルにした物語で、ワーグナー自身が脚本を書いた大作です。

弟を殺したと謂《いわ》れない罪を着せられ、決闘をさせられそうになる王女エルザは、身の潔白を示したいと願います。そこに夢に出てきた騎士が現れ、自分の正体を隠したまま結婚の約束をしてくれたら、決闘に勝ってあなたを守りますと申し出るのです。無事決闘に勝った騎士とエルザは、約束どおり結婚することになります。

しかし、エルザは素性のわからない騎士を疑うようになってしまい、とうとう約束を破って騎士に尋ねてしまうのです。そして騎士は、「実は自分は前の王の息子である」と身分を明かします。国の戦いや地位争いからふたりの運命は逃れることができず、別れることになってしまうのです。

この物語の第2幕、王女エルザと騎士の結婚式のシーンに登場するのが「結婚行進曲」です。この場面ではふたりの幸せを願う人々と共に、その仲を壊してやろうとする人物も参列しています。エルザはそうした人たちの思惑に翻弄されて愛を貫くことができず、相手の秘密をこじ開けようとし、約束を破ってしまうのです。

たとえどんなにふたりの間の絆や約束が強くても、人間関係はこうも簡単に壊れてしまうのだと物語は冷酷に告げています。また一方で、どれほど大きく自分を助けてくれた人であっても、素性のよくわからない秘密の多い人では、心の底から安心して結婚できないという心理も表現しています。それはそのまま、結婚の何たるかを示しているようにも思えて怖いくらいです。

この曲は前述のメンデルスゾーンの「結婚行進曲」と同じく、1858年フリードリヒとイギリス王女ヴィクトリアとの結婚式で演奏されました。楽曲が含まれた劇の意味、楽曲の背景から考えても、そのどちらも結婚式に相応しく、また人生を考えられる良い楽曲となるでしょう。

# 華やかな宴にはモーツァルトが似合う

華やかな披露宴の始まりには、やはりモーツァルトの華々しさが似合います。中でも**オペラ《フィガロの結婚》の序曲**はこれから始まる宴への期待を盛り上げるに最適です。この楽曲はヴォルフガング・アマデウス・モーツァルト（1756〜91）の作品の中でも特に人気があり、オペラではなく楽曲だけがコンサートで演奏されたり、映画やドラマで使われたりすることも多い作品です。序曲とはオペラの幕が上がる前、これから始まる物語を音楽で提示し、観客の注意を引き興味を掻き立てる効果を期待する楽曲です。

モーツァルトは、神聖ローマ帝国時代のザルツブルク大司教領（現在のオーストリア）で誕生しました。現在はザルツブルク音楽祭や、映画『サウンド・オブ・ミュージック』の舞台としても有名です。モーツァルトの生家も人気のある観光地で、ザルツブ

モーツァルト作曲
オペラ《フィガロの結婚》序曲

ルクの空港名は「ザルツブルク・ヴォルフガング・アマデウス・モーツァルト空港」と名付けられています。

都市名のザルツブルクはドイツ語で「塩の城」を表すように、古くから塩が取れて城のある場所でした。現在でもザルツブルク定番のお土産は、ピスタチオ味のマジパンとヌガーが入ったチョコレート菓子モーツァルトクーゲルと、ここで取れる岩塩です。

３歳でチェンバロを弾きはじめ、５歳ですでに作曲を始めていた天才モーツァルトは、幼い頃から父親に連れられてヨーロッパ各地で演奏旅行を行っていました。同時に作曲をして報酬を得るようになります。25歳でウィーンに移り住み、演奏会や作曲で生計を立てるようになりますが、その報酬は多くなく、またモーツァルトは浪費癖もあり生活は苦しかったようです。またこの頃父の反対を押し切ってコンスタンツェ・ヴェーバーと結婚し、ふたりの間には６人の子ども（うち成人できたのは２人）が生まれています。

モーツァルトの楽曲は、オペラだけでなく教会用の宗教音楽や歌曲、交響曲、協奏曲、室内楽などあらゆる分野で作られていて、その数も現在演奏できる状態で残っているものでも600曲以上、未完成曲やメロディだけのものなどを合わせると900曲を超えるといわれています。1791年、35歳の若さでこの世を去ったモーツァルトの残した功績は音楽史の中で最も重要なもののひとつです。

オペラ《フィガロの結婚》はモーツァルトが1786年に作曲したイタリア語のオペラです。原作はボーマルシェの戯曲『狂気の一日、あるいはフィガロの結婚』（1781年初演）で、伯爵の召使いフィガロと恋人スザンナの結婚をめぐる一日の騒動がいきいきと描かれています。

スザンナを気に入っている伯爵は、ふたりの結婚を邪魔しようと試みます。それを知った伯爵夫人とスザンナは協力し、伯爵に改心してもらおうと計画を練るのです。そのゴタゴタや、策略の攻防が生み出す騒動ののち、無事フィガロとスザンナは結ばれ、みなに結婚を祝ってもらえるという楽しくハッピーな物語です。

このオペラは当時モーツァルトが住んでいたウィーンで初演されたのち、プラハでも上演されて大盛況となりました。モーツァルトにはこの成功で次のオペラ制作依頼

モーツァルト作曲
オペラ《フィガロの結婚》第2幕「恋とはどんなものかしら」

が舞い込むようになりました。このオペラは明るく楽しいこの序曲だけでなく、第2幕で登場する「**恋とはどんなものかしら**」など名曲揃《ぞろ》いです。

また、モーツァルトの楽曲は長調で作られているものが圧倒的に多いことで知られています。長調の音楽は聴く人を心地よく、ハッピーな嬉しい気持ちにさせてくれる効果があります。モーツァルトが長調を好んで作ったのは、当時貴族に依頼されて作曲したものが多く、宮廷の華やかな雰囲気に合わせたりした結果ではないかといわれています。

《フィガロの結婚》だけでなく、「**クラリネット協奏曲イ長調K.622**」など、他のモーツァルトの長調の作品を披露宴の開始後や、歓談の場面で使ってみるのもよいでしょう。きっと参列くださる方々もハッピーな気持ちが増幅されますよ。

## 関わってくれたすべての人に愛を

優しく美しく、ちょっと切ないピアノのメロディが印象的なフランツ・リスト（1

モーツァルト作曲
「クラリネット協奏曲イ長調」

811〜86）作曲「**愛の夢**」は、ピアノを習っていた人なら、いつかは弾いてみたいと思うほど憧れの曲のひとつです。

しっとりした披露宴のシーン、例えば花嫁が一時退席する際に母親や姉妹の手をとって歩いていく時や花嫁からの手紙のシーンなどによく使われています。

「愛の夢」は、もともとはリスト作曲の歌曲のひとつで、3曲で構成されています。それをリスト自身がピアノ独奏版に編曲し、「3つのノクターン（夜想曲）」とも呼ばれるようになりました。そのうち、この3曲目が最も有名です。この「愛の夢」第3曲の元の歌曲には、ドイツの詩人フェルディナント・フライリヒラートの詩『おお、愛しうる限り愛せ』の歌詞がついています。

心から信頼する人にできるだけ優しくしなさい。愛する人がこの世に生きている限り、精一杯愛しなさいとこの歌詞は伝えています。ただこの愛は、恋愛感情だけを指しているのではありません。フライリヒラートの詩では、友人や家族など自分の周りにいる人を大切にして、愛していくべきと伝えているのです。

リスト自身、他者への思いやりに溢れた人物でした。作曲家ロベルト・シューマン

リスト作曲
「愛の夢」

がピアニストのクララと結婚しようとした際、クララの父親に猛反対されたことで、結果クララの父親と裁判をするという事態になったのですが、リストはこの時、愛し合うふたりを支え協力しました。またリヒャルト・ワーグナーが革命に参加し逮捕状が出た際にも、自身の住まうスイスへの亡命を助け、世話をしています。さらに教師として指導料を取らずに多くのピアニストを育てました。売れっ子ピアニストでありながら、宗教的な活動、慈善活動にも精力的に関わったことでも知られています。

若い頃は奔放な恋愛を繰り返したリストでしたが、本気で結婚しようとした相手が人妻で離婚が成立せず、生涯独身を貫きました。こうしたリストの博愛精神は後世にも語り継がれています。

結婚式はカップルだけのものではなく、それを祝ってくれる友人たち、親や兄弟、親類など多くの愛する人たちが集ってくれる場所でもあります。リストの作った音楽だけでも、十分に美しく結婚式の気分を盛り上げてくれるのですが、この歌詞を知っていたらもっともっと、目の前にいる愛する人たち、家族や友人たちを大切にしなければという思いが溢れてくるでしょう。幸せな結婚式になりそうですね。

# 愛し合うふたりに最も似合う曲

その楽曲の持つ意味が最も結婚式に相応しいといえるのは、ロベルト・シューマン（1810〜56）作曲の**歌曲集「ミルテの花 作品25」**でしょう。シューマンが1840年に作曲した連作歌曲で、26曲で構成されています。その第1曲目「**献呈**」は、リュッケルトの詩に基づいて作曲されています。のちにフランツ・リストがピアノ独奏版に編曲したことで有名です。

シューマンはベートーヴェンやメンデルスゾーン、シューベルトなどのロマン派と呼ばれる作風の作曲家のひとりです。ピアニストを目指すロベルトは、教師のフリードリヒ・ヴィークに弟子入りし、その娘であるピアニストのクララと出会いました。クララは9歳ですでにオーケストラと共演してピアノ協奏曲を演奏するなど、一流のピアノストでした。

ロベルト25歳、クララ17歳頃にはふたりは恋人関係にあり、結婚を意識するように

シューマン作曲
歌曲集「ミルテの花」
第1曲「献呈」

シューマン作曲・リスト
編曲
「献呈」

なります。しかし、クララの父はロベルトとの結婚を決して認めようとはしませんでした。ロベルトがまだ作曲家として成功していないことなどを理由に徹底的にふたりの恋の邪魔をします。時には暴言を吐き、時には友人を使って貶《おとし》めようとするなど、クララの父、ヴィークの妨害行為はエスカレートしていくのです。

そのような父の暴挙に耐えかねて、一時はクララも恋を諦めようとしましたが、自分のコンサートでロベルトの楽曲を演奏し、思いに応える決心をするのです。結果、ふたりは結婚するためにヴィークを訴えてまで愛を貫きました。この頃にシューマンが作曲したのが、歌曲集「ミルテの花」です。ミルテの花は花嫁のブーケや頭飾りに使うもので、日本ではイワイノキ（祝いの木）の別名を持つギンコウバイのことです。花言葉は「愛のささやき」。これほど結婚に相応しい楽曲はありませんね。第1曲である「献呈」も「あなたにこの愛を捧げます」というロベルトの想いがこもっています。

仲睦まじく暮らしたふたりの間には8人の子どもも生まれました。作曲家として優れた作品を数多く作ったロベルトでしたが、残念ながら生活は苦しく、クララが欧州各地で演奏することで生活費を稼いでいました。ロベルトは精神障害から1856年に46歳で亡くなってしまいます。この後もクララは、ロベルトが残した名曲の数々を各地で演奏し続け、ロベルトの作品全集も作っています。1896年76歳で亡くなるまで、クララの心にはロベルトへの愛とその作品を愛しむ心が続いていたのです。

美しく優しく、そして愛に満ちた「献呈」の最後には、シューベルト作曲「**アヴェ・マリア**」の旋律が挿入されています。窮地にある女性が聖母マリアに祈りを捧げて助けを求める内容です。愛する妻の前途に何があっても、神のご加護があるようにと祈るロベルトの愛が、この曲の最後にさらに追加されていて、愛の大きさと純粋さを感じることができます。「献呈」はまさに、愛し合うふたりの門出に相応しい楽曲なのです。

## 配偶者は最も良き友

エドワード・エルガーの代表曲である「愛の挨拶」と共に、〝愛〟のつく楽曲で結婚式によく取り上げられるのは、「**愛の喜び**」ではないでしょうか。これはフリッ

シューベルト作曲
「アヴェ・マリア」

ツ・クライスラー（1875〜1962）作曲のピアノとヴァイオリンのための楽曲です。ヴァイオリンのアルバムやコンサートでもよく取り上げられる人気のある曲ですね。クラシック音楽を学ぶ若者たちを描いたドラマ『のだめカンタービレ』でもこの楽曲が登場します。

1875年ウィーンに生まれたクライスラーは、音楽好きの父親からごく小さな時からヴァイオリンを教えられます。才能を見いだされたクライスラーは7歳でウィーン音楽院に入学し、なんと10歳ですでにトップの成績を取って卒業をしたという早咲きの天才音楽家です。それまでウィーン音楽院で入学を許可された最低年齢は10歳だったのですが、それよりもはるかに幼い年齢での入学です。

クライスラー自身は自分の才能について「習得したのではなく天から与えられたもの」だと謙虚に語っています。その後パリでも学んだクライスラーはここでも12歳のうちに〝首席の中の1位〟で卒業します。この後はどこの学校へも誰からも師事せずプロとして歩んだというのも十分にわかります。

ヨーロッパ各地、アメリカでの演奏旅行をしながら、クライスラーは少年から青年へと成長していきます。1901年、クライスラーはニューヨークからの帰路の船上



クライスラー作曲・演奏「愛の喜び」

で、ひとりの女性ハリエットと恋に落ちるのです。翌年27歳の時、ふたりは結婚します。この頃に作られたのが「愛の喜び」です。曲の冒頭から、躍動感のあるヴァイオリンの旋律が流れ、ウィーン風のワルツのリズムが喜びの湧き上がるように聴こえます。甘く美しいメロディと、ヴァイオリンの艶《つや》やかな音色にうっとりする作品です。愛を得たクライスラーの幸せな様子が目に浮かびます。

また、ハリエットはクライスラーの演奏活動を直接支えるマネージャーとして大変有能でした。練習スケジュールの管理からコンサートの日程調整、ギャラ交渉に至るまで担っていた妻のおかげで、クライスラーのヴァイオリニストとしての活躍も広まっていったのです。二人三脚で生きた夫婦のお手本のようです。

しかしクライスラーはヴァイオリニストとしてだけ平穏に暮らすことはできませんでした。1914年第一次世界大戦開戦直後、クライスラーはオーストリア軍として出兵しています。オーストリア兵90万人が参戦し、うち35万人が戦死したといわれるレンベルク会戦のことです。無事帰還できたクライスラーは、のちにその体験を記録しており、そこには「最も良き友、最も忠実な仲間であった愛しき妻、ハリエットに贈る」と記されています。

ふたりは音楽だけでなく、その人生そのものにおいて強い絆で結ばれていました。結婚式、披露宴という新しい人生を支え合って生きていくその節目に、クライスラー夫婦の強い結びつきをイメージし、「愛の喜び」でさらに彩りを加えたいものです。

## 縁起の良いもの尽くしのワルツ

披露宴の歓談が始まり、和やかな雰囲気となった際にＢＧＭとしてよく使われているのは、ピョートル・チャイコフスキー（１８４０〜93）作曲の**バレエ《くるみ割り人形》**の中の「**花のワルツ**」でしょう。３拍子のワルツが優雅に柔らかく聞こえる華やかな楽曲です。

チャイコフスキーの三大バレエのひとつ《くるみ割り人形》はチャイコフスキーの最後のバレエ音楽でもあります。１８９２年、現在のロシア、サンクトペテルブルクのマリインスキー劇場で初演されました。ドイツの作家Ｅ・Ｔ・Ａ・ホフマンの童話が元になった、不思議で楽しい出来事が起こるおとぎ話です。

チャイコフスキー作曲
バレエ《くるみ割り人形》より「花のワルツ」

クリスマスの日、誰も欲しがらなかったプレゼント、くるみ割り人形をもらった少女クララが主人公です。その夜、くるみ割り人形が王子さまに変身し、クララも一緒にお菓子の国へ向かうのです。そこで金平糖の精の女王は、クララたちを出迎え、チョコレート、コーヒー、お茶、キャンディなどのお菓子の精たちの踊りでもてなします。

その中の侍女たち24人による世にも華麗な舞が、この「花のワルツ」です。木管楽器、ハープ、ホルンと続く優雅なワルツのメロディが、ひらひらと可憐に舞う金平糖たちにとても合っています。トランペット、それから弦楽器が入って豪華で舞踏会のような様子に移り変わり、華やかなフィナーレを迎えます。チャイコフスキーの生み出す印象的なメロディが凝縮されているとても魅力的な曲です。

日本語で金平糖の精と訳されている役は、フランス語ではドラジェの精です。ドラジェには幸福の種という意味もあります。砂糖でコーティングされたアーモンドやチョコレートのお菓子のことで、紀元前にローマ貴族の結婚式や子どもの誕生の内祝いとして市民に配られていたという記録も残っているほど歴史のあるお菓子です。現在でもヨーロッパではお祝いに欠かせない縁起ものとなっています。日本でも引き出物や披露宴後のお見送りの際のプチギフトとしても使われますね。

この「幸せの種」の意味を持つお菓子の精の侍女の踊る「花のワルツ」を披露宴のＢＧＭにすると、なんだかもっと縁起が良くなりそうです。そして列席者のお見送りでは「ドラジェ」をプレゼントしながらご挨拶したいものですね。

## 音楽の持つ背景を知っていると…

結婚式ではこのようにたくさんのクラシック音楽がすでに使われています。そのどれもが楽曲の美しさや華々しさ、またしっとりとした雰囲気が結婚式の様子にぴったりと合っています。しかし一方で、どれほど美しい楽曲であっても、その曲が持つ背景や意味を知っていると、どうにも落ち着かない気持ちにさせることもあるのです。

例えば、ピエトロ・マスカーニ（１８６３〜１９４５）作曲の**オペラ《カヴァレリア・ルスティカーナ》の間奏曲**もそれにあたります。この楽曲はオペラよりもむしろ、この曲単独でクラシック音楽のコンサートで演奏されるほど人気のある楽曲で

マスカーニ作曲
オペラ《カヴァレリア・ルスティカーナ》間奏曲

す。甘くて切なくて美しいメロディが続き、曲の後半ではヴァイオリン、ヴィオラ、チェロが同じ旋律を一斉に奏でて気分を盛り上げていく情熱的なフィナーレを迎え、そして静かに消えていくような素晴らしい楽曲です。

曲だけを聴けば、結婚式や厳粛な場面でBGMになったとしても差し支えがないように思えます。しかしこの曲はオペラの幕と幕の間の〝間奏曲〟です。当然ながら、そのオペラの物語そのもの、次の幕の場面に繋がっていくという役割を担った曲なのです。

作曲家マスカーニは、1863年にイタリアに生まれました。ミラノ音楽院に入学するも1年で辞め、指揮者としてまた音楽教師として働きます。マスカーニが25歳の時、コンクールに応募して優勝し初演も大成功したのがこの《カヴァレリア・ルスティカーナ》です。

物語の舞台はシチリア島。戦争からトゥリッドゥが帰ってみると、恋人ローラが戦争の間にアルフィオと結婚していたことを知ります。失意のトゥリッドゥは新しい恋人サントゥッツァと婚約してはみたものの、他人の妻になっているローラが忘れられず、ふたりは不倫関係になってしまいます。それを知ったサントゥッツァは嫉妬に狂い、アルフィオにすべてを話します。アルフィオは怒りに震えて復讐を決意し、トゥリッドゥは決闘を受け入れるのです。最後は「トゥリッドゥが死んだ！」という女性の悲痛な叫び声で幕が降りる、という残酷で悲しい物語です。

この美しい間奏曲は、アルフィオとトゥリッドゥの決闘の前に演奏されます。嫉妬から相手を決闘に陥れてしまった女性の苦しさ、妻が不倫したことが許せない怒りを暴力に込める男の悲哀、昔の恋人が忘れられなかったばかりに結果両方の男性を不幸にしたうえ、殺し合いをさせてしまう女の浅はかさなど、恋愛と結婚に絡むマイナス要素がこれでもかと詰め込まれています。

この間奏曲が美しければ美しいほど、その後の悲劇をさらに際立たせます。そして観客もこの曲を聴けば、次に決闘、人が人を殺めなければ終わらない戦い、血が流れる物語になるぞと気持ちが切り替わります。つまり、この曲はオペラの物語上、どうしても流血、殺人を思い浮かべてしまうのです。

《カヴァレリア・ルスティカーナ》の間奏曲は非常に美しく切ない楽曲です。だからこそ、その美しさを取り上げたくて演奏会にもしばしば登場します。ただ、この曲を披露宴のBGMとして使ってしまうと、不倫や決闘などというあまりおめでたくないものを連想してしまうことも事実です。結婚式には、いくら美しい楽曲だからといって葬送曲は使えないのと同じような配慮が求められるということです。

ではお葬式ならこの曲でいいかといえばそうとも言い切れません。2022年の安倍元首相の国葬の際、この曲がBGMに使われていました。それをテレビで見ていた人たちからは、「この曲は殺人を連想させてしまう」「物語を知っていたら逆に使えないのでは」とSNSで批判の声が上がっていました。オペラの内容となんら関係のない、連想が結びつかない場合には、あるいは成立するBGMかもしれませんが、その使用にはやはり注意が必要です。

音楽という芸術はそれ単体で存在できるだけでなく、オペラや宗教音楽といった「何かの物語に紐《ひも》づいている」ことも多く、それらはすべて文化歴史の長い時間の経過で熟成されて浸透しています。そうした共通認識を無視してしまう、つまり音楽の持つ絶対的で純粋な美しさや雰囲気だけを利用することも、あるいはできないことはないでしょう。

しかしながら一方でそうした〝背景〟や〝物語性〟を知らずに、または敢えて使ってしまうと、その場にいる人、それを聴いた人たちの中に「違った感想を持たせてしまう」こともあるのです。クラシック音楽を知ることによって、そうした意図の掛け違いを防いでいきたいものです。

第8章

# アレンジされた クラシック音楽

*Music, being identical with heaven, isn't a thing of momentary thrills, or even hourly ones. It's a condition of eternity.*

—— Gustav Holst

音楽は天国と同じで、
束の間の感動をもたらすものではない。
それは永遠のものなのだ。

——グスターヴ・ホルスト（作曲家・1874-1934）

# 知らずに歌っていたクラシック

クラシック音楽はそのまま楽譜どおりに演奏されるだけでなく、実はさまざまなジャンルに編曲され、歌詞をつけられて使われています。誰もがそれと知らずに、あるいは「あれ、何か聴いたことがあるかも」と思いながらその音楽を聴いているのです。

昭和の時代のキャンプファイヤーではなぜか「**遠き山に日は落ちて**」が定番でした。これも実はクラシック音楽に歌詞をつけたものです。アントニン・ドヴォルジャーク（１８４１～１９０４）が１８９３年に作曲した「**交響曲第9番ホ短調作品95・B.178 新世界より**」**の第2楽章**のメロディです。ドヴォルジャークの弟子だったウィリアム・フィッシャーが１９２２年に、第２楽章の主題の旋律に歌詞を載せて編曲し「Going Home」として発表しました。

日本にこの歌曲がもたらされてから、宮沢賢治や佐伯孝夫らも訳詞を作っています



ドヴォルジャーク作曲「交響曲第9番ホ短調 新世界より」第2楽章

ドヴォルジャーク作曲・堀内敬三作詞「遠き山に日は落ちて」

が、堀内敬三によるものが戦後長く教科書に教材として採用されたこともあり、一般に定着しています。キャンプファイヤーだけでなく、夕刻の公共放送の音楽として採用している自治体もあって、今でも広く日本に親しまれています。

それから、ベートーヴェン作曲の「第九」を日本語の歌詞で歌った記憶のある方も多いのではないでしょうか。第4楽章の合唱部分「歓喜の歌」を「晴れたる青空」と歌詞をつけたのは詩人の岩佐東一郎です。もともとの「第九」の歌詞とは少し離れて、自然の美しさや人々の笑顔などに焦点が当てられた、日本人にとってわかりやすい歌詞となっています。

## お父さん！　お父さん！　と叫んだにもかかわらず

また、学校教育の音楽の授業で習った、フランツ・シューベルト（1797〜1828）作曲の**歌曲「魔王　1D328」**に今も強い印象を持っている方は多いのではないでしょうか。元のドイツ語の歌だけでなく、ほとんど意味を変えずに和訳された歌



シューベルト作曲
歌曲「魔王」

詞の「お父さん、お父さん！」と切羽詰まって泣く子どもの悲痛な叫びと、魔王のおどろおどろしい「一緒においで」と誘う怖くて甘い囁《ささや》き、そしてストーリテラーの「息絶えぬ」という冷静な結末を示す低音と、どの部分にも恐怖を覚えたに違いありません。畳み掛けるように速いリズムで攻めてくるメロディと、馬車が高速で走るような3連符の連打が、さらに恐怖をかき立てます。

音楽鑑賞の授業ではついつい気持ちよく船を漕いでしまうものですが、この曲だけはまったく眠りに適さないため、大人になっても記憶に残ってるようです。〝シューベルト　魔王〟とインターネットの検索窓に入れようとすると、入力予測に「トラウマ」や「怖い」といった単語が出てくるほどです。

シューベルトは神聖ローマ帝国時代のオーストリアに生まれ、のちにウィーンに移りました。7歳頃には教会の聖歌隊に入り、音楽の基礎をしっかりと学んでいきます。11歳で宮廷礼拝堂少年合唱隊に入り、作曲家サリエリらから作曲の手ほどきを受けるようになります。この宮廷礼拝堂の少年合唱団は現在のウィーン少年合唱団にあたります。シューベルトの功績から、ウィーン少年合唱団には現在でもハイドン組、モーツァルト組、ブルックナー組と並び、シューベルト組も存在します。

　変声期まで合唱団に所属していたシューベルトは卒業後、教員をしながら作曲活動を続けました。１８１５年、18歳の時にはなんと１４０曲を超える歌曲を作曲しています。この年の作品にこの「魔王」や有名な**歌曲「野ばら Ｄ２５７」**も作曲されました。どちらも文豪ゲーテの詩に曲をつけたものです。また、優しく美しい「アヴェ・マリア」（２１０ページ参照）など、シューベルトの楽曲はそのどれもが親しみやすさと共に、誇り高い美意識が感じられます。


　シューベルトは存命中に作曲家としては経済的な成功を収めることはできませんでしたが、友人たちに恵まれ、その助けによって作曲活動を続けることができました。またシューベルトは憧れのベートーヴェンにも会えたといいます。ベートーヴェンもシューベルトの才能を認めたというのですから、どれほど作曲の励みになったことでしょう。しかし、シューベルトは残念ながら31歳という若さで亡くなってしまいます。

　生涯６００曲もの歌曲を作り、現在では「歌曲王」とも呼ばれています。そのどれもが美しく、また普遍的です。「魔王」は１８１５年、つまり今から２００年以上前

シューベルト作曲
歌曲「野ばら」

の楽曲でありながら、その音楽にも歌詞にも現代を生きる人が同じように怖さに震え、曲を覚えているのですから、この楽曲にはそれほど強い力があるといえるでしょう。

こうして近代になり、日本へ西洋の音楽が入るようになって、多くのクラシック音楽をそれと知らずに耳にするようになりました。「第九」や「魔王」のように、元のクラシック音楽の意図をそのままなるべく残した形で日本語にしたものだけでなく、実はもっと身近にその音楽を利用し、アレンジして使っているものも多くあります。

## 喜びをもたらすものは

クラシックをアレンジした日本のポップスといえば、平原綾香さんが歌う「**ジュピター**」を思い出す人も多いのではないでしょうか。「ジュピター」はイギリスの作曲家グスターヴ・ホルスト（１８７４〜１９３４）が作曲をしたオーケストラで演奏する

平原綾香
「ジュピター」

組曲が原曲となっています。

ホルストは祖父も父も音楽家という一族に生まれました。そんな家庭環境もあり10代の頃にはすでに作曲を始めていたといわれています。ロンドンの王立音楽院で学びました。

1914年に第一次世界大戦が勃発《ぼっぱつ》し、ホルストも徴兵されています。その後、軍の音楽組織係として中東に派遣され、イギリス音楽を紹介するために働いています。その頃に作曲したのが**組曲「惑星 作品32」**です。これがイギリスで演奏されて成功を収め、ホルストは一躍、有名作曲家となりました。

ホルストは他にも多くの合唱のための曲や管弦楽、吹奏楽曲を残しています。「惑星」作曲と同時期には、日本の民謡にインスパイアされたバレエのための音楽**「日本組曲作品33」**を作るなど、ホルストは音楽教師のかたわら熱心な作曲活動も続けていました。

そのような作品があるにもかかわらず、当時日本ではあまり知られていませんでした。1961年に指揮者のヘルベルト・フォン・カラヤンがウィーン・フィルとのアルバムを発表し、またその後ベルリン・フィルとも優れた演奏を録音したことで、一

ホルスト作曲
組曲「惑星」

ホルスト作曲
「日本組曲」

躍日本でホルストの名が知られるようになります。
しかしながら、ホルストがそれまで欧州でも忘れられた作曲家だったわけではありません。ウィーン・フィルは少なくとも1925年には定期演奏会で「惑星」を演奏したという記録（指揮者はフェリックス・ワインガルトナー）があり、カラヤン以前にまったく評価されていなかったわけでは決してないということも付け加えておきます。

さて、組曲「惑星」は「火星―戦いをもたらすもの―」「金星―平和をもたらすもの―」「水星―翼のついた使者―」「木星―歓びをもたらすもの―」「土星―老いをもたらすもの―」「天王星―魔術師―」「海王星―神秘主義者―」の7つの楽章から構成されています。当時太陽系の惑星として知られていた8つの天体のうち、地球を除いた7つの天体です。天体学的にいえば火星と水星の位置が入れ替わっていることについて、音楽的な構成上の理由（章ごとの印象など）なのか、当時ホルストが傾倒していた西洋占星術的な考え方なのかと議論されていますが、明確な理由がわかっていません。

平原綾香のデビューシングルに採用された「ジュピター」は、「木星―歓びをもたらすもの―」の中間部に出てくる印象的なメロディに吉元由美が歌詞を付けたものです。歌詞の中には平原本人のアイディアから生まれた「私の両手」や「ありのままの自分」といった素直な等身大の女性の感覚を持った言葉が採用されています。こうした親しみやすい歌詞をともに作ることで、歌手は自分の思いをより大きく歌声に反映することができ、大ヒットに繋《つな》がったと考えられます。

実はこの「木星」と同じ主題部分、メロディは本国イギリスの愛国歌、イギリス国教会の聖歌として親しまれています。「**I Vow to Thee, My Country（祖国よ、我は汝《なんじ》に誓う）**」というタイトルで第一次世界大戦直後の1918年に発表されました。これはイギリスの外交官セシル・スプリング＝ライスにより作詞されたものです。それ以降この曲はイギリスで大切に引き継がれていて、2021年のイギリス王室フィリップ殿下（エディンバラ公爵）の葬儀でも使われています。

他の楽章もそれぞれ非常に印象的な音楽で聴いているだけで楽しく、力強く、また壮大な気分になれるものばかりです。

イギリス国教会聖歌
「I Vow to Thee,
My Country」

## バッハかと思ったら

続いて、「**メヌエット ト長調BWV. Anh.114**」がポップスとなったサンディ・リンザー&デニー・ランドルの作品「**A Lover's Concerto**」をご紹介しましょう。サラ・ヴォーンが歌ったこの楽曲は、元の4分の3拍子の楽曲から4拍子に変え、優れたジャズアレンジにしています。三大女性モダン・ジャズ・シンガーのひとりであるサラ・ヴォーンの人気も相まって、一躍有名な楽曲となりました。日本でも桑《くわ》田《た》佳《けい》祐《すけ》がカバーするなど今でも愛されている楽曲のひとつです。

軽快でわかりやすく親しみやすい楽曲で、ピアノの練習曲としても広く親しまれてきた楽曲ですが、実は、近年の研究によりこのメヌエットはヨハン・セバスティアン・バッハ（1685~1750）が作った曲ではなかったと結論づけられているのです。

J・S・バッハは2番目の妻アンナと一緒に多くの楽曲をまとめていました。この

ペツォールト作曲
「メヌエット」

サラ・ヴォーン
「A Lover's
Concerto」

「アンナ・マクダレーナ・バッハのための音楽帖」は2冊存在しており、J・S・バッハ作曲の**「フランス組曲 BWV.812―817」**など今でも高く評価されている楽曲も多くあります。その他に、マリア自身が書き留めていた楽譜も交ざっているなど、その研究は困難を要しています。

「A Lover's Concerto」の原曲「メヌエット」も長らくJ・S・バッハ作曲のものであるとされていました。音楽帖の中の楽譜に作曲者名がしっかり書かれていなかったのが原因です。現在では、この曲の作曲者はJ・S・バッハと同時代のクリスティアン・ペツォールトだと判明しています。なぜきちんと整理してくれていなかったのかと研究するほうは思いますが、バッハにとってもアンナにとっても、自分たちが家庭内で使っていた練習曲の寄せ集めファイルが後世で大問題になるだなんて、思ってもみなかったことでしょう。

さてJ・S・バッハの曲であろうとなかろうと、この優しいメロディの「メヌエット」が名曲であるには変わりありません。それを元にアレンジされた「A Lover's Concerto」もとても美しい楽曲です。

J.S.バッハ作曲
「フランス組曲」

# 今度は化粧品

楽曲が別のジャンルに数多くアレンジされた作曲家といえば、ルートヴィヒ・ヴァン・ベートーヴェン（１７７０～１８２７）でしょう。例えば、主に１９６０年代に活躍したデュオ歌手ザ・ピーナッツの代表曲「**情熱の花**」です。これはベートーヴェン「エリーゼのために」（35ページ参照）が原曲です。アップテンポで畳み掛けるように進行していくので、元がクラシック音楽のピアノ曲であることに気がつかないかもしれません。

「情熱の花」については、アメリカのグループのザ・フラタニティ・ブラザーズが「**Passion Flower**」（１９５７）としてリリースしたものを日本語に和訳したものです。さらに１９８１年には「キッスは目にして！」とさらにアレンジが加わり、阿《あ》木《き》燿《よう》子《こ》が作詞を担当、ザ・ヴィーナスが歌いました。これはカネボウ化粧品のキャンペーンソングとなり、ヒットに繋がっています。日本では灯油が切れたサイン（35ページ参

ザ・ピーナッツ
「情熱の花」

ザ・フラタニティ・ブラザーズ
「Passion Flower」

照）にされたり、化粧品のテーマに選ばれたりと、「エリーゼのために」は忙しいですね。

## 強い気持ちで愛を貫くのか、勝ちに挑むのか

ベートーヴェンの三大ピアノソナタのうちのひとつである**「ピアノ・ソナタ第8番ハ短調作品13 悲《ひ》愴《そう》」**も有名なアレンジの複数ある楽曲です。ひとつはビリー・ジョエルが1984年にシングルとしてリリースした**「This Night（今宵はフォーエバー）」**です。サビのメロディは「ピアノ・ソナタ第8番」の第2楽章の冒頭メロディをそのまま使用しています。〝今夜　君は僕のものだよ　昨日のことは忘れるんだ〟と恋の熱い想いをベートーヴェンの主題に添えているのです。

ビリー・ジョエル自身がアルバムのライナーノーツに「子どもの頃に聴いていたベートーヴェンの曲を使った」と記しています。クレジットにも作曲者として「ベートーヴェン」の名前が明記されており、クラシック音楽ファンも思わず手に取ってしま



ビリー・ジョエル
「This Night」

ベートーヴェン作曲
「ピアノ・ソナタ第8番
ハ短調 悲愴」

います。
「ピアノ・ソナタ第8番」は1798年から1799年にかけて作曲されたといわれています。ベートーヴェンがまだ作曲を始めた初期、耳の難聴が少しずつ発症していたとされる20代後半の作品です。ハイドンやモーツァルトの音楽の影響を受けていた頃といわれています。「悲愴」という副題がついてはいますが、まだ明るく快活さのある名曲です。この頃ベートーヴェンが友人に宛てた手紙で「この運命に打ち勝つんだ」と書いたように、前向きな強い気持ちがありました。そしてこのピアノソナタが高く評価されたこともあり、楽譜もたくさん売れたといいます。

そんな〝縁起が良い〟曲の逸話にあやかったのかどうかわかりませんが、このピアノソナタは日本では競艇のテーマソング（2017）として採用されています。シンガーであるBENIの歌う「**見えないスタート**」です。ビリー・ジョエルがサビ部分に採用したのと同じく、第2楽章の冒頭のメロディをこの楽曲では歌のはじめに持ってきています。危険も伴う競艇選手が恐れずにスタートに立っている姿に心を打たれたという内容の歌詞をつけたこの楽曲は、まさに困難な運命に立ち向かうベートーヴ



BENI
「見えないスタート」

エンの気持ちそのものでもあります。CMでは渡辺直美が清々しく歌っているバージョンもあり、このCMが流れると一瞬にしてテレビに注目がいくと話題になりました。

## 三大Bのもうひとり

クラシック音楽の作曲家にはその頭文字から三大Bと呼ばれる3人がいます。先述のJ・S・バッハとベートーヴェン、そしてもうひとりがブラームスです。

ヨハネス・ブラームス（1833〜97）は、コントラバス奏者の父のもとハンブルクに生まれました。幼い頃から音楽教育を受け、ピアノ演奏に才能を見いだされ10歳でステージに立つほどの腕前となりました。

ブラームス一家の経済状況は決して良いとはいえず、ブラームス自身も13歳頃から家計を助けるために、酒場でのピアノ演奏で稼ぐようになります。しかしながら、ピアノ演奏では一流にはなれず、作曲を生業《なりわい》にしたいと思うようになります。「**ピアノ協奏曲第1番ニ短調作品15**」や「**ピアノ協奏曲第2番変ロ長調作品83**」など意欲的に

ブラームス作曲
「ピアノ協奏曲第1番
ニ短調」

ブラームス作曲
「ピアノ協奏曲第2番
変ロ長調」

作曲をしますが、当時の評価は芳しくなく、またピアニストのフランツ・リストなど当時の一流音楽家に会うものの、なかなか芽の出る活躍はできませんでした。

そんなブラームスに転機が訪れます。1853年、ブラームスが20歳の頃、作曲家のロベルト・シューマンの家を訪ねた際に、シューマンに演奏と作品を気に入ってもらえたのです。シューマンは作曲活動だけでなく、当時『新音楽時報』という雑誌を創刊し評論活動も行っていました。シューマンはブラームスに対して「現れたその若者は、すでに彼のゆりかごの横で優美な女神と英雄に見守られていた。（中略）彼がその魔法の杖を振り下ろし、合唱やオーケストラの幾多の能力に彼の力を付与するようになるならば、その時、われわれの精神世界には、いっそう神秘的な輝きが現われることだろう」と絶賛しました。

こうしたシューマンの推薦もあって、ブラームスはその後、当時文化の中心地であり音楽の都であったウィーンへ移り住み、交響曲や室内楽、声楽曲など幅広く作品を作り、多くの聴衆に受け入れられるようになったのです。今では、ウィーンにある楽友協会（黄金の間で有名なコンサートホール）の中のひとつが「ブラームス・ザール（ブラームス・ホール）」と名付けられており、ブラームスの胸像がそこに飾られています。

大貫妙子
「昨日、今日、明日」

ブラームス作曲
「交響曲第3番へ長調」第3楽章

そんなブラームスの楽曲に日本語の歌詞をつけているのはシンガーソングライター大貫《おおぬき》妙子です。**「昨日、今日、明日」**とタイトルをつけられたこの楽曲は、**「交響曲第3番ヘ長調作品90」の第3楽章**の主題の旋律を元にしています。見えないものを信じたい、愛し続けていきたいと切実に願う、美しい日本語で構成されています。

またこの「交響曲第３番」第３楽章は、フランソワーズ・サガンの小説『ブラームスはお好き』を１９６１年に映画化した『さよならをもう一度』（監督：アナトール・リトヴァク／主演：イングリッド・バーグマン、アンソニー・パーキンス、イヴ・モンタン）の主題歌として知っているという方も多いでしょう。劇中では英語版**「Good Bye again」**として歌われています。

ブラームスの音楽といえば、特に**「交響曲第1番ハ短調作品68」の第4楽章**を聴いたことがある方も多いのではないでしょうか。ホルンで奏でられ、ヴァイオリンに繋がる優しくゆったりしたこのメロディが、日本では卒業式のＢＧＭとして使用されています。このメロディを聴くだけで、懐かしい思い出や優しい人たちの顔が思い出さ

映画『さよならをもう一度』劇中歌「Good Bye again」

ブラームス作曲「交響曲第1番ハ短調」第4楽章

れます。
ブラームスは、「ハンガリー舞曲」などに代表される民族的なメロディに由来を持つ楽曲や、ワルツ王ヨハン・シュトラウス2世らとの交友から生まれたワルツ音楽など、さまざまな民族やその生活に根付いた音楽に触れたことによって得た知見や共感に基づいた作品も作りました。こうしたブラームスの共感力が、現代に生きる者にとっても近しい気持ち、理解し合える気持ちを彷彿《ほうふつ》とさせているとも考えられます。

## 病弱なショパンも元気になれそうなアレンジ

ピアノの詩人フレデリック・ショパン（1810または1809〜49）の楽曲も、日本では斬新なポップスに編曲されています。女性アイドルグループBEYOOOOONDSは「**英雄〜笑って！　ショパン先輩〜**」と題した、ショパン作曲「英雄ポロネーズ」と「夜想曲第2番変ホ長調作品9－2（ノクターン）」（ともに191ページ参照）をそのまま組み合わせて大胆に一曲にまとめた楽曲を歌っています。

BEYOOOOONDS
「英雄〜笑って!
ショパン先輩〜」

ミュージックビデオではメンバーで東京音楽大学ピアノ演奏家コースを卒業した小林萌花が「英雄ポロネーズ」をピアノで弾いて始まります。そこからボイスパーカッションも入ってアレンジが加えられます。アップテンポなポップスアレンジで「英雄ポロネーズ」のメロディで歌い、そしてサビは「ノクターン」のメロディに変化します。2曲を繋げた曲の中で「世界が驚いた先輩のように、誰かに好きになってほしい！ 人生は芸術！」と恋に憧れる元気な女の子の気持ちが歌われています。

元の曲を作ったショパンはどちらかというと内省的で、礼儀正しく静かで病弱な青年でしたが、実は内面に秘めていた熱い思いや熱情、そう、あの「**革命のエチュード（練習曲作品10−12ハ短調）**」のようなパッションがあったのかもしれないと思わせるほど、このアレンジは秀逸です。

## 心に寄り添う

1991年に早稲田大学のアカペラサークルで結成されたボーカルグループ、ゴス

ショパン作曲
「革命のエチュード
（練習曲ハ短調）」

ペラーズ。男性合唱のボーカルグループとしては群を抜く歌唱力があります。彼らの楽曲**「Sky High」**はロシアの作曲家、セルゲイ・ラフマニノフ（１８７３〜１９４３）の**「ピアノ協奏曲第2番ハ短調作品18」第3楽章**をモチーフに、作曲家の服部隆之《はっとりたかゆき》がアレンジを担当している楽曲です。アニメ『のだめカンタービレ 巴里《パリ》編』のオープニング楽曲として使われました。

ピアノの印象的なメロディ、管弦楽器に繋げられていくモチーフを丁寧に掬《すく》い上げ、原曲に忠実に作られています。一方で歌唱を支えるドラムのリズムはポップスの独特の軽快さと明瞭さを持ち合わせていて、これがジャパニーズポップスの王道だという仕上がりです。どの部分を切り取って短いＰＲ動画に使っても成立する、完成度の高い作品になっています。

セルゲイ・ラフマニノフは１８７３年ロシア帝国時代に貴族の家系に生まれました。しかし生まれた頃にはその資産も少なくなり没落していました。９歳の頃にとうとう破産し、一家離散の目に遭います。ピアノの才能を見いだされたラフマニノフは奨学金を得てペテルブルク音楽院に入学、その後モスクワ音楽院に転入してピアノを

ゴスペラーズ
「Sky High」

ラフマニノフ作曲・
演奏
「ピアノ協奏曲第2番
ハ短調」第3楽章

学びました。あのチャイコフスキーからも目をかけられ、ピアニストとして身を立てるようになります。

一方で作曲への思いも湧き上がり、18歳で「**ピアノ協奏曲第1番嬰《えい》へ短調作品1**」を完成させます。しかしその後、交響曲の作曲にも着手して初演を迎えたのですが、評価は高くありませんでした。精神的にも敏感なところを持つラフマニノフは自信を喪失し、それからしばらく生きることに苦しみ、作曲もほとんどできない状況が何年も続きました。

それを救ったのが、精神科医のダーリ博士です。博士のおかげで作曲への自信を取り戻すことができたラフマニノフは、彼に「ピアノ協奏曲第2番」を捧げました。1901年、自身のピアノとジロティの指揮により全曲初演され成功を収めます。

ラフマニノフ自身が非常に優れたピアニストであることから、楽曲はどれも演奏技量を要するものが多いのですが、この「ピアノ協奏曲第2番」も同様に、演奏には高度なテクニックが必要な難曲です。またラフマニノフは大きな手をしており、10度（1オクターブよりさらに広い音域、例えばドレミファソラシドレミまで）まで届いたといわれています。手の小さなピアニストではラフマニノフができる楽譜どおりの和音に届か

ラフマニノフ作曲
「ピアノ協奏曲第1番
嬰へ短調」

ず、分散和音（一音ずつ分けて弾くこと）にして演奏することがほとんどです。一方、そのメロディは、息をするのを忘れるほど圧倒的で、心の深いところまで届き、大きく感情を揺さぶる美しさを併せ持つ傑作です。

こうして回復を得たラフマニノフは翌年ナターリヤという女性と結婚します。1917年の革命以降の社会的混乱ののち、ラフマニノフはソビエト連邦からアメリカに一家で移住し演奏活動と作曲を続けます。アメリカで生活をしながら、欧州各国への演奏旅行なども行っていたのですが、心の中では郷愁はなくなることはなく1943年カリフォルニアでこの世を去りました。

「ピアノ協奏曲第2番」は、ゴスペラーズの歌う第3楽章だけでなく、**第2楽章**もポップスにアレンジされています。エリック・カルメンの歌う「All By My Self」（1975）です。もうひとりではいたくないんだ、と切々と歌い上げるこの歌も、ラフマニノフの作り上げた世界観を壊すことなく、人々の心に寄り添うような雰囲気を作り上げています。1996年にセリーヌ・ディオンがカバーしていることで再度注目を浴びた楽曲です。

ラフマニノフ作曲・演奏「ピアノ協奏曲第2番ハ短調」第2楽章

ラフマニノフ作曲「交響曲第2番ホ短調」第3楽章

またエリック・カルメンはラフマニノフの**「交響曲第2番ホ短調作品27」第3楽章**を**「Never Gonna Fall In Love Again（恋にノー・タッチ）」**に編曲して歌っています。もう二度と恋なんてしたくない、こんな思いをしたくない、と失恋の心の痛みを、ラフマニノフの旋律を借りて切々と訴えています。

また、同じこの第3楽章は平原綾香も**「adagio」**という楽曲にしています。どんな時も自分は愛されていたこと、ありのままの自分で生きていくことを優しく静かに歌っています。苦悩を乗り越えて作曲を再開し、再度挑戦した交響曲第1番の次に作られた交響曲が、今でもこうして世界の人々の心に寄り添っているのです。

ラフマニノフの楽曲はそのどれもが情緒に溢《あふ》れ、感情の変化に敏感に寄り添うメロディを持っています。家庭環境や経済状況が大きく変わっていく家族の中に生まれ、そしてロシア帝国から革命の動乱、社会主義国家への変遷に巻き込まれていく時代にあったラフマニノフの青年期の経験と生来の繊細さが、そうした作風へ影響しているともいえるでしょう。

クラシック音楽の作曲家はそれぞれに人生の苦悩を抱えながら作曲してきました。



エリック・カルメン
「Never Gonna Fall In Love Again」

平原綾香
「adagio」

その辛さを超えた先に生まれた音楽は時を超え、多くの人たちに愛されて今に残っています。そのメロディはいつまでも私たちの心に温かく残っています。そしてそれが音楽のジャンルを超え形を変えても、本質は決して変わらずに、今も人々にそっと寄り添い、勇気を与え、そして心を静かに動かしていく力を持っているのです。

生活の中にそっと馴染《なじ》んでいるクラシック音楽に気がつけば、きっとその曲の美しさ、変わらない人間の想いにまたひとつ心が豊かになることでしょう。クラシック音楽は遠い存在で、自分には関係がないと思っていた人でも、実はこうして数多くの曲に囲まれているのです。

今日、あなたの周りにはどんなクラシック音楽がありましたか。

# おわりに

クラシック音楽の世界で仕事をするようになってから、主に欧州のその作曲家の生まれた国々などを巡るうち、こんなに文化も生活も違うのに、なぜクラシック音楽は遠く離れた日本人の心にも深く染み込んでくるのだろうと思うようになりました。昔の外国の作曲家が作った音楽を、外国の音楽家たちが奏でているにもかかわらず、そこには共通する温かな感情が生まれます。

オーケストラが演奏しているコンサートのステージ脇でモニターヘッドフォン越しに、あるいはモニタースピーカーから聴こえる音楽に私は仕事を忘れてその演奏に没入し、何度熱いものが込み上げてくる感覚を覚えたことでしょう。観客のひとりとしてコンサートホールに座っている時にも、そして小さなイヤフォンでスマートフォンから流れるクラシック音楽を聴く時でさえ、同じように音楽の本質がそこにあります。

大きな悩みを抱えたまま新幹線ホームに佇《たたず》んでいた時、ふいに流れたテクラ・バダジェフスカ作曲の「**乙女の祈り**」に、幼い頃のピアノのレッスンを思い出し、どれほど自分が幸せだったかと思い出し、涙したこともありました。あるいは泣き止まない我が子を胸に抱いて途方に暮れていたあの日、ベビーベッドの上をくるくる回るぬいぐるみたちのベビーメリーから流れるヨハネス・ブラームスの「**子守唄**」のオルゴールに、救われる思いがしたものです。

音楽とは不思議なものです。

そして今現在私たちが聴いているのは、クラシック音楽数百年の歴史の中、長い年月を経て、多くの音楽家や聴衆、批評家の耳を集めて支持され残っている精鋭ばかりといえるでしょう。それらのどれにも、人々の感情があり、人生の蓄積があります。

そんなクラシック音楽の底力を映画やドラマ、ＣＭなどに使えるなんてどんなに幸せなことでしょうか。今に生きる作曲家もジャンルは何であれ、クラシック音楽が発展したからこそ享受しているものがたくさんあります。

本書はそんな長い歴史の中のほんの少しのエッセンスを筆者の独断と偏見で楽しく



バダジェフスカ
「乙女の祈り」

ブラームス作曲
「子守唄」

選んだ、良いところづくしのつまみ食いのような一冊になりました。

ベートーヴェンは「音楽は人間を新たなる創造へ酔わせるワインのようだ」とし、自らを「その輝かしいワインを絞り出して人々を酔わせるバッカス」であると称しています。クラシック音楽の世界に入り込んで仕事にまでした私は、さしずめそんなワインの愛好家のひとりであり、さらなる酩酊《めいてい》に憧れてバッカスに跪《ひざまず》いている民なのでしょう。そしてこの本が、これからそのワインに酔いしれたいみなさまへの誘いのひとつとなり、また一本のワインのエチケット（ラベル）となれたらこんなに嬉しいことはありません。

この本の企画にあたって、私のどんなどんな突飛なアイディアにもニコニコと笑って同意をくださった笠間書院執行役員の吉田浩行さんに、まずは大きな感謝をお伝え申し上げます。昭和のテレビ番組がいかに面白かったかなど、あれやこれやのクラシック音楽の思い出話をしながら章立てを考えるのは楽しい時間でした。吉田さんのリアクションを思い出しながら、読者に同じように伝えられたらと書き進めることができました。また思いつくままに書き散らした原稿を丁寧に掬《すく》い上げてまとめてくださった編集者の井上紘子さんには頭が上がりません。

それから、親しみやすくて温かみの溢れるブックデザインをしてくださったデザイナー井上篤さんにも感謝申し上げます。井上さんは偶然にも同郷香川県の出身で、すぐそばの高校に通っていたというご縁もありました。また、表紙イラスト等を描いてくださった福士陽香さんの描く音楽家たちのいきいきとした表情で、文章にさらに躍動感が生まれました。みなさまとチームで出版できましたこと、とても嬉しく思います。

それから映画好きの私に、クラシック音楽を柱にした映画評を書く機会を与えてくださった「ウートピ」編集部（当時）の堀池沙知子さん、そしていつも私の〝書きたい書きたい〟病を巧みにハンドリングして並走してくださるアップルシード・エージェンシーの鬼塚忠社長と藤本佳奈さんに厚く、いや熱く、お礼申し上げます。

そして最後に、クラシックを聴いてみたい、自分もクラシック音楽を何かに使ってみたいと、この本を手に取ってくださったみなさま、改めてありがとうございました。何かひとつでも気になった音楽、心に残った逸話があればこんなに嬉しいことはありません。

この本に取り上げることのできなかったもののほうが膨大です。まだまだクラシック音楽はたくさんあなたを待っています。これから共に、そしてずっと、ずっとずっと、クラシック音楽に酔いしれましょう。

2023年12月

渋谷ゆう子

# 掲載曲・使用場面索引

本書で紹介した曲が、どんな場面で使われているかをまとめました。

| | | |
|---|---|---|
|  ルートヴィヒ・ヴァン・ベートーヴェン（1770-1827） | 「弦楽四重奏第3番ニ長調」 | ・映画『ドライブ・マイ・カー』（109ページ） |
| | 「ピアノ・ソナタ第8番ハ短調 悲愴」 | ・ビリー・ジョエル「This Night」（233ページ）<br>・BENI「見えないスタート」（234ページ） |
| | 「ピアノソナタ第14番嬰ハ短調 幻想曲風ソナタ」 | ・漫画・アニメ『名探偵コナン』（145ページ） |
| | 「ピアノソナタ第23番ヘ短調 熱情」第1楽章 | ・アニメ『ゴールデンカムイ』（142ページ） |
| | 「エリーゼのために」 | ・コロナ 石油ファンヒーターのお知らせ音（35ページ）<br>・ザ・ピーナッツ「情熱の花」（232ページ）<br>・ザ・フラタニティ・ブラザーズ「Passion Flower」（232ページ）<br>・ザ・ヴィーナス「キッスは目にして！」（232ページ） |
| | 「交響曲第7番イ長調」第1楽章 | ・ドラマ『のだめカンタービレ』テーマ曲（73ページ） |
| | 「第九（交響曲第9番ニ短調）」 | ・年末イベント（21ページ）<br>・アニメ『新世紀エヴァンゲリオン』（148ページ） |
|  ジョアキーノ・ロッシーニ（1792-1868） | オペラ《ウィリアム・テル》序曲・第4部「スイス軍隊の行進」 | ・運動会（160ページ）<br>・TV番組『オレたちひょうきん族』（160ページ） |
|  フランツ・シューベルト（1797-1828） | 「ピアノ三重奏曲変ホ長調 ノットゥルノ」 | ・披露宴（192ページ） |
| | 歌曲「セレナーデ」 | ・韓国ドラマ『夏の香り』（193ページ） |
|  フェリックス・メンデルスゾーン（1809-47） | 「結婚行進曲」 | ・結婚式・披露宴（196ページ） |
|  フレデリック・ショパン（1810または1809-49） | 「ノクターン 第2番変ホ長調」 | ・披露宴（191ページ）<br>・BEYOOOOONDS「英雄～笑って！ ショパン先輩～」（238ページ） |
| | 「別れの曲」 | ・ドラマ『101回目のプロポーズ』（62ページ） |
| | 「バラード第1番ト短調」 | ・フィギュアスケート羽生結弦ショートプログラム（62ページ） |
| | 「ピアノソナタ第2番変ロ短調」第3楽章 | ・テレビゲーム（61ページ） |
| | 「24の前奏曲第7番イ長調」 | ・太田胃散「太田胃散」CM（63ページ） |
| | 「英雄ポロネーズ」 | ・BEYOOOOONDS「英雄～笑って！ ショパン先輩～」（238ページ） |
|  ロベルト・シューマン（1810-56） | 歌曲集「ミルテの花」第1曲「献呈」 | ・結婚式・披露宴（208ページ） |
| | 「ピアノ協奏曲イ短調」 | ・テレビ番組『ウルトラセブン』（55ページ） |

| 作曲家 | 曲名 | 使われている場面 |
| --- | --- | --- |
|  フランツ・リスト（1811-86） | 「愛の夢」 | ・披露宴（206ページ） |
| | 「ハンガリー狂詩曲第2番嬰ハ短調」 | ・アニメ『トムとジェリー』（126ページ） |
|  リヒャルト・ワーグナー（1813-83） | 楽劇《ローエングリン》第3幕より「結婚行進曲」 | ・結婚式・披露宴（199ページ） |
| | 楽劇《ニーベルングの指輪》より「ワルキューレの騎行」 | ・映画『地獄の黙示録』（88ページ） |
|  ジュゼッペ・ヴェルディ（1813-1901） | オペラ《椿姫》第1幕「乾杯の歌」 | ・披露宴（194ページ） |
| | オペラ《アイーダ》第2幕「凱旋行進曲」 | ・京王線初台駅発車音楽（195ページ）<br>・サッカー応援歌（195ページ） |
| セオドア・オースティン（エステン）（1813-70） | 「人形の夢と目覚め」 | ・ノーリツ 給湯器のお知らせ音（39ページ） |
| ジャック・オッフェンバック（1819-80） | オペレッタ《天国と地獄》序曲 | ・運動会（166ページ）<br>・文明堂「カステラ」CM（167ページ） |
|  ヨハン・シュトラウス2世（1825-99） | 「トリッチ・トラッチ・ポルカ イ長調」 | ・運動会（163ページ） |
| | 「美しく青きドナウ」 | ・映画『2001年宇宙の旅』（87ページ） |
|  ヨハネス・ブラームス（1833-97） | 「子守唄」 | ・ベビーメリー（246ページ） |
| | 「交響曲第3番ヘ長調」第3楽章 | ・大貫妙子「昨日、今日、明日」（237ページ）<br>・映画『さよならをもう一度』劇中歌「Good Bye again」（237ページ） |
| | 「交響曲第1番ハ短調」第4楽章 | ・卒業式（237ページ） |
| アレクサンドル・ボロディン（1833-87） | オペラ《イーゴリ公》第2幕「ダッタン人の踊り」 | ・JR東海CM（65ページ） |
| テクラ・バダジェフスカ（1834〈諸説あり〉-61） | 「乙女の祈り」 | ・東海道新幹線ホームドア開閉音（246ページ） |
|  ジョルジュ・ビゼー（1838-75） | オペラ《カルメン》前奏曲 | ・TV番組『ビートたけしのTVタックル』（49ページ） |
|  モデスト・ムソルグスキー（1839-81） | 組曲「展覧会の絵」より「キエフの大門」 | ・テレビ番組『ナニコレ珍百景』（46ページ） |
| | 「禿山の一夜」 | ・ディズニー映画『ファンタジア』（47ページ） |

| | | |
|---|---|---|
|  ピョートル・チャイコフスキー（1840-93） | 「弦楽セレナーデ ハ長調」 | • スタッフサービスCM（68ページ） |
| | バレエ《くるみ割り人形》 | • ディズニー映画『ファンタジア』（121ページ）<br>• 披露宴（「花のワルツ」213ページ）<br>• ソフトバンクCM（「葦笛の踊り」122ページ） |
| | 「交響曲第6番ロ短調〈悲愴〉」第1楽章 | • 映画『エゴイスト』（113ページ） |
|  アントニン・ドヴォルジャーク（1841-1904） | 「交響曲第9番ホ短調 新世界より」 | • アニメ『ONE PIECE』（131ページ）<br>• 歌「遠き山に日は落ちて」（222ページ） |
|  パブロ・デ・サラサーテ（1844-1908） | 「ツィゴイネルワイゼン」 | • テレビドラマ（58ページ） |
| ヘルマン・ネッケ（1850-1912） | 「クシコス・ポスト」 | • 運動会（176ページ）<br>• 恋愛シミュレーションゲーム「ときめきメモリアル」（176ページ）<br>• テレビゲームおよび携帯ゲーム機ソフト「ヨッシーのクッキー」（176ページ） |
|  エドワード・エルガー（1857-1934） | 「愛の挨拶」 | • 電話の保留音（37ページ） |
| | 行進曲「威風堂々」第1番 | • 運動会（157ページ）<br>• アニメ『あたしンち』エンディングテーマ（159ページ） |
|  グスタフ・マーラー（1860-1911） | 「交響曲第3番ニ短調」第1楽章 | • アニメ『銀河英雄伝説』（134ページ） |
| | 「交響曲第5番嬰ハ短調」第4楽章「アダージェット」 | • 映画『ベニスに死す』（100ページ） |
|  リヒャルト・シュトラウス（1864-1949） | 交響詩「ツァラトゥストラはかく語りき」 | • 映画『2001年宇宙の旅』（82ページ） |
| ポール・デュカス（1865-1935） | 交響詩「魔法使いの弟子」 | • ディズニー映画『ファンタジア』（122ページ） |
|  エリック・サティ（1866-1925） | 「ジムノペディ」第1番 | • レック「バルサン」CM（70ページ） |
| レオン・イェッセル（1871-1942） | 「おもちゃの兵隊のマーチ」 | • テレビ番組『キューピー3分クッキング』オープニングテーマ（52ページ） |

| 作曲家 | 曲名 | 使われている場面 |
| --- | --- | --- |
| セルゲイ・ラフマニノフ（1873-1943） | 「ピアノ協奏曲第2番ハ短調」 | • エリック・カルメン「All By My Self」（242ページ）<br>• ゴスペラーズ「Sky High」（240ページ） |
| | 「交響曲第2番ホ短調」第3楽章 | • エリック・カルメン「Never Gonna Fall In Love Again」（243ページ） |
|  グスターヴ・ホルスト（1874-1934） | 組曲「惑星」より「木星―歓びをもたらすもの―」 | • 平原綾香「ジュピター」（226ページ）<br>• イギリス国教会聖歌「I Vow to Thee, My Country」（229ページ） |
| フリッツ・クライスラー（1875-1962） | 「愛の喜び」 | • 結婚式・披露宴（210ページ） |
|  モーリス・ラヴェル（1875-1937） | 「ボレロ」 | • アニメ映画『銀河英雄伝説　わが征くは星の大海』（138ページ）<br>• アニメ映画『デジモンアドベンチャー』（141ページ） |
| | 「ピアノ協奏曲ト長調」 | • 映画『ゴジラ』「ゴジラのテーマ」のヒント（105ページ） |
|  ジョージ・ガーシュウィン（1898-1937） | 「ラプソディ・イン・ブルー」 | • ドラマ『のだめカンタービレ』エンディングテーマ（74ページ） |
| アラム・ハチャトゥリアン（1903-78） | バレエ《ガヤネー（ガイーヌ）》 | • 映画『2001年宇宙の旅』（「アダージョ」87ページ）<br>• 運動会（「剣の舞」173ページ） |
| ドミトリー・カバレフスキー（1904-87） | 「道化師のギャロップ」 | • 運動会（169ページ） |
|  ドミートリイ・ショスタコーヴィチ（1906-75） | 「交響曲第5番ニ短調」 | • アニメ『銀河英雄伝説』（136ページ） |
| ルロイ・アンダーソン（1908-75） | 「ラッパ吹きの休日」 | • 運動会（171ページ） |
| サミュエル・バーバー（1910-81） | 「弦楽のためのアダージョ　変ロ短調」 | • 映画『プラトーン』（98ページ）<br>• 葬儀・慰霊式（99ページ） |

# 参考文献


**【書籍】**

- 『ウルトラセブンが「音楽」を教えてくれた』青山通、新潮社、2020年
- 『映画音楽はかく語りき』志田一穂、ユニコ舎、2022年
- 『王たちの民主制――ウィーン・フィルハーモニー創立150年史』クレメンス・ヘルスベルク 著、芹沢ユリア 訳、文化書房博文社、1994年
- 『音楽家の食卓――バッハ、ベートーヴェン、ブラームス…11人のクラシック作曲家ゆかりのレシピとエピソード』野田浩資、誠文堂新光社、2020年
- 『クラシック音楽全史――ビジネスに効く世界の教養』松田亜有子、ダイヤモンド社、2018年
- 『黒澤明　音と映像』西村雄一郎、立風書房、1990年
- 『塹壕の四週間――あるヴァイオリニストの従軍記』フリッツ・クライスラー 著、伊藤氏貴 訳、鳥影社、2021年
- 『新版　音楽家の名言――あなたの演奏を変える気づきのメッセージ』檜山乃武 著・編、ヤマハミュージックエンタテインメントホールディングス出版部、2019年
- 『伝記　ラフマニノフ』ニコライ・バジャーノフ 著、小林久枝 訳、音楽之友社、2003年
- 『パリの音楽サロン――ベルエポックから狂乱の時代まで』青柳いづみこ、岩波書店、2023年
- 『マーラーを識る――神話・伝説・俗説の呪縛を解く』前島良雄、アルファベータブックス、2014年
- 『名曲の裏側――クラシック音楽家のヤバすぎる人生』渋谷ゆう子、ポプラ社、2023年
- 『物語　オーストリアの歴史』山之内克子、中央公論新社、2019年
- 『ものがたり西洋音楽史』近藤譲、岩波書店、2019年
- 『レコードはまっすぐに――あるプロデューサーの回想』ジョン・カルショー 著、山崎浩太郎 訳、学習研究社、2005年

**【論文】**

- 「成熟市場をめぐるヤマハの鍵盤楽器ビジネス」田中智晃
- 「年齢層から見た国内のクラシックコンサート・ゴアーの変化――「社会生活基本調査」からの知見を中心に」井手口彰典

**【その他】**

- グスターヴ・ホルスト、W. G. Whitakerへの手紙（1914年）
- 総務省　放送コンテンツの海外展開に関する現状分析（2020年度）
- LINEユーザーを対象にしたスマートフォンWeb調査（2021年）
  https://lineresearch-platform.blog.jp/archives/38577711.html
- Igor Stravinsky. *"Subject: Music"*, New York Times Magazine, 9/27/1964.
- Yale University Library Online Exhibitions *:From Prodigy to Priestess: Clara Schumann at 200.*
- Wiener Philharmoniker Konzertarchiv.

**渋谷ゆう子**（しぶや・ゆうこ）
香川県出身。大妻女子大学文学部卒。
株式会社ノモス代表取締役。音楽プロデューサー。文筆家。AudioStylist®。
音源制作、コンサート企画運営のほか、
演奏家支援セミナーや音響メーカーのコンサルティングを行う。
ハイレゾリファレンス音源のプロデュースや、
日本で初めての陸上自衛隊基地における実弾録音プロジェクトに加え、
立体音響システム360RealityAudioの開発支援を行うなど、
新しい技術での音源制作に定評がある。
音楽ジャーナリストとして国内外での取材活動を行うほか、
音楽雑誌やオーディオメディアでの執筆多数。
著書に『ウィーン・フィルの哲学
——至高の楽団はなぜ経営母体を持たないのか』（NHK出版）、
『名曲の裏側——クラシック音楽家のヤバすぎる人生』（ポプラ社）がある。

生活はクラシック音楽でできている
——家電や映画、結婚式まで日常になじんだ名曲

2024年1月5日　初版第1刷発行

著者……渋谷ゆう子
イラスト……福士陽香
著者エージェント…アップルシード・エージェンシー
（www.appleseed.co.jp）
発行者……池田圭子
発行所……笠間書院

〒101-0064　東京都千代田区神田猿楽町2-2-3
電話：03-3295-1331　FAX：03-3294-0996

ブックデザイン……井上篤（100mm design）
本文組版……キャップス
印刷・製本……大日本印刷

ISBN 978-4-305-71003-1
日本音楽著作権協会（出）許諾第2309110-301号

https://kasamashoin.jp